河北省社会科学基金项目(编号:HB16GL080)

京津冀协同发展背景下区域产业承接选择与发展研究

张明莉　边圆围　著

燕山大学出版社

·秦皇岛·

图书在版编目(CIP)数据

京津冀协同发展背景下区域产业承接选择与发展研究/张明莉,边圆围著. —2版. —秦皇岛:燕山大学出版社,2022.1

ISBN 978-7-5761-0302-1

Ⅰ.①京… Ⅱ.①张…②边… Ⅲ.①产业发展—协调发展—研究—华北地区 Ⅳ.①F269.272

中国版本图书馆 CIP 数据核字(2022)第 009966 号

京津冀协同发展背景下区域产业承接选择与发展研究

张明莉 边圆围 著

出 版 人:陈 玉

责任编辑:唐 雷

封面设计:赵小雨

出版发行: 燕山大学出版社 YANSHAN UNIVERSITY PRESS

地   址:河北省秦皇岛市河北大街西段 438 号

邮政编码:066004

电   话:0335-8387555

印   刷:英格拉姆印刷(固安)有限公司

经   销:全国新华书店

开   本:700 mm×1000 mm 1/16   印   张:12   字   数:200 千字

版   次:2022 年 1 月第 2 版   印   次:2022 年 1 月第 1 次印刷

书   号:ISBN 978-7-5761-0302-1

定   价:46.00 元

十八届五中全会首次将绿色发展理念纳入国家发展战略中,可见绿色生态发展在我国经济发展中的重要作用。京津冀协同发展国家战略要求京津冀地区进行产业结构的优化升级,形成地区间产业错位互补,进而促进区域经济的快速发展。产业转移和承接是京津冀地区实现产业结构优化升级的重要手段,而河北省作为京津冀较低经济梯度的地区,肩负着产业承接的重任。如何在兼顾经济效益和环境效益的同时做好产业转移和产业承接成为社会各界共同关注的话题。因此本书立足于减排视角研究了京津冀三地在京津冀协同发展背景下产业的承接与选择,又着重研究了河北省如何在考虑改善现有恶劣生态环境的情况下抓住京津产业转移机遇,进行承接产业选择和发展。

首先,在梳理了产业承接和转移相关理论的基础上,本书对京津冀产业结构和产业发展现状以及京津冀协同发展目前成效进行分析,发现京津冀地区满足产业转移的要求,且在产业转移中十分重视环境因素和产业内部的结构优化。

其次,运用环境因子改进的产业梯度系数分析 36 个行业发展水平,根据梯度转移理论确定了河北省承接京津冀地区产业的短期选择;运用 VAR 自回归模型和脉冲响应分析了承接产业发展与地区经济发展水平之间的关系,确定了河北省承接京津冀地区产业的长期效果;最终结合长短期效应分析选择京津冀三地应承接产业。

再者,通过运用 VAR 自回归模型的方差分解分析了影响轻工业和服务业绿色效益值增长的主要制约因素分别是技术开发支出和新增固定资产投入,在此基础上运用门槛回归模型从供给侧角度分析了将承接产业的要素投入控制在怎样的范围内可以促进承接产业获得最大的绿色增长值。

最后,分析了京津冀地区产业转移过程中的产业错位发展布局,以及三地承接产业的承接方式、发展路径,提出了与承接产业发展相适宜的对策和建议。

在本书的写作中,主要分工如下:张明莉负责全书的统稿和定稿,其中边圆围、丁素云参与第 3 章的撰写,孟建芳参与第 4 章的撰写,胡小雪参与第 5 章的撰写,边圆围参与第 6 章的撰写,丁素云参与第 7 章的撰写,感谢以上成员对本书做出的努力和贡献。

由于作者学识有限,书中疏漏和不足在所难免,敬请专家学者和广大读者批评指正。

目录

第 1 章

绪　　论

1.1　背景及研究意义

1.1.1　背景

自 2013 年以来京津冀地区长期饱受雾霾天气困扰,改善环境成为了当今重要问题之一。2016 年,全国各地暴雨和洪水等自然灾害给全国经济发展和产业发展造成了严重影响。环境污染是制约我国经济发展的重要因素。另外,十八届五中全会首次将绿色、创新的理念提升到国家战略的高度,强调绿色发展是改善环境和产业发展二元矛盾的重要手段和指向。传统的产业转移和产业承接都是立足于经济水平较高地区的发展,产业转移结果大都是经济水平较高的地区实现了产业转型升级和环境改善,实现了经济、环境的双赢,但是经济水平较差的地区则大多是以牺牲自身环境为代价获取经济发展。因此,在产业承接中将环境因素作为重点考虑的内容,将节能减排作为产业承接和发展的重要内容十分必要。

经济全球化趋势愈演愈烈,资源环境矛盾日渐激化,世界各国纷纷着手进行研发理念的革新和技术手段的升级。从世界范围来看,欧美国家的“工业 4.0”“绿色供应链”“低碳革命”以及日本的“零排放”等理念引领了全球制造业创新升级、绿色发展的新方向。改革开放以来,中国工业经济取得的发展成就有目共睹,经济总量跃居世界第二,众多主要经济指标名列世界前列,但是,也必须同时客观地认识我国工业经济发展规模大而不强,发展增速快而不优的问题。这主要是由于要素驱动、投入驱动的收益回报递减,难度加大,同时还产生了资源匮乏、生态破坏等非期望产出。“十二五”以来,中国的资源禀赋结构发生了一系列变化——土地资源日益稀缺,劳动力价格大幅上涨,资源禀赋优势逐渐丧失,而且粗放式发展对生态环境造成的不可逆破坏日益凸显。可见,传统意义上的依靠资源禀赋推动经济增长和规模扩张的粗放型发展方式已经不再适合中国的发展。因此,我国经济要注重从以要素驱动、投资规模驱动为主的发展方式向以创新驱动、研发驱动为主的发展方式转变,积极地响应"中国制造2025"的发展号召。改革开放以来,凭借劳动力、土地等资源禀赋优势,河北省机械制造业获得较好发展。2014年,河北省实现工业总产值13330.7亿元,比上年增长5.0%,位列全国第六位。规模以上工业增加值11758.3亿元,增长5.1%[①]。河北省已成功跻身全国制造业大省行列。然而,河北省制造业的发展仍然存在诸多问题,例如大而不强、能源消耗大、产能过剩等。而且,河北省经济发展最为依赖的能源和产业给大气环境带来了沉重的负担。近年来,京津冀地区雾霾天气频现,空气质量堪忧,资源环境超载矛盾突出,生态联防联治要求迫切。在京津冀协同发展的时代背景下,大气污染防治工作备受瞩目。因此,河北省机械制造业要在新常态基础上实现提质增速的跨越式发展,转型升级势在必行。

2015年5月通过的《京津冀协同发展纲要》指出,推动京津冀协同发展是一个重大国家战略,核心是有序疏解北京非首都功能,要在京津冀交通一体化、生态环境保护、产业升级转移等重点领域率先取得突破。这将京津冀产业结构优化推到了一个新的高度,主要通过产业转移形成产业错位互补发展布局,进而促进区域经济快速发展。因此在产业转移和承接中我们不仅要考虑经济效益也要考虑环境效益,本书立足于减排视角来研究河北省如何在考虑改善现有恶劣环境的情况下抓住京津产业转移的机遇,进行承接产业的选择和发展。

1.1.2 研究意义

1.1.2.1 理论意义

本书研究的理论意义是在经济发展水平较低的地区如何在不牺牲自身环境的情况下在产业转移中找准发展机遇,选择适应本地发展战略、促进本地产业转型升级、在较长时期内帮助承接地经济发展的产业,以及解决该产业如何在承接地发展的问题。承接产业是产业转移的衍生概念,是分支和延伸。因此,本书通过将环境

---

① 根据《河北省2014年国民经济和社会发展统计公报》整理而得。

因素加到产业发展水平测度和地区经济发展情况的度量中,在产业梯度转移理论和区域发展相关理论的指导下,运用定量方法研究产业发展的长短期效应,进而做出承接产业的选择;并且从承接地的角度分析要素投入对承接产业的影响程度,从供给侧的角度看如何控制要素投入来促进行业的绿色发展,这具有显著的理论意义。

1.1.2.2 现实意义

疏解非首都功能是京津冀协同发展的重要中心内容,同时治理环境污染也是其重要课题之一,为了同时兼顾环境发展和地区产业结构优化,产业升级转型势在必行,而产业转移和产业承接是京津冀地区产业升级转型的主要手段之一。河北省作为京津地区的产业承接地一定要充分认识主体地位,充分考量生态保护和减排效应,杜绝以任何形式的破坏环境来换取产业承接和经济增长。因此本书通过运用定量方法研究京津冀地区在综合环境和政策因素之后决定哪些产业需要转移,河北省需要承接哪些产业。因此,河北省作为中部地区中经济发展处在较低梯度的地区应该要勇于接受当前京津冀协同发展带来的挑战和发展机会,充分认识自身条件并且能够正确选择承接产业。本书从供给侧的角度研究了承接产业在河北省的发展状况,及其要素投入带来的产业发展的影响,进而通过控制要素的投入来保证承接产业获得最优的投入产出效率,并且提出不同产业的承接、发展路径以及对策和建议。这能够帮助河北省从自身实际出发来选择承接产业和路径,防止盲目承接,对地区发展造成伤害。

1.1.3 研究目的

本书就产业转移中产业的选择和承接产业路径进行了研究,但是由于产业发展不仅涉及经济效益还涉及环境、政策、空间布局等原因,导致转出产业选择和承接产业选择的研究主要集中在定性分析上,只有少部分在产业选择上使用了产业梯度系数的指标进行定量分析,对于承接产业选择上的定量研究几乎没有。另外承接产业转移的路径选择可以从两个角度考虑,一是从产业转出方考虑,二是从产业承接方考虑。目前大部分的研究都是从产业转出方进行考虑的,从产业承接方考虑的很少。因此,结合当前区域内部的产业发展特点及其区域特点,挖掘适用的定量分析方法来科学地研究产业转移的产业选择和承接产业路径选择是十分重要和有意义的。

承接产业的选择在区位上需要满足两个条件,即产业承接地和转出地各自经济发展的程度要满足一定的条件。产业转出地要根据本地区产业发展状况来确定需要转出的产业,但是产业承接地并不需要承接所有的转出产业,也需要产业承接地根据自身的资源、政策、环境和产业发展状况来确定需要哪些产业才能帮助承接地顺利实现产业转型升级和经济的快速发展,因此需要强调产业接受地的主动性,以主人翁的意识来科学地选择需要跨区域接受和发展的产业。

当前产业转移都是立足于发展相对较快的地区,将本地区丧失比较优势的产业依次转出,而发展相对较慢的地区则在利益的驱使下,只注重短期利益,进而被动承接,忽视了承接产业对地区环境的影响和长期的负面效应,因此立足于产业承接地的经济效益和环境效益来研究产业承接问题十分必要。

为了弄清楚如何科学选择产业和产业转移路径问题,鉴于已有文献通过测度产业梯度系数、主成分分析法、因子分析法和计量模型的方法进行了产业转移的产业选择,并从定性的角度来进行了产业承接产业的选择。本书主要运用环境因子对产业梯度系数进行改进,进而建立与地区经济发展水平间的计量模型,通过其对经济和环境的长期和短期作用来确定哪些产业需要转出,哪些产业可以长期持续发展;另外,通过运用 VAR 模型分析影响承接产业的主要因素,进而运用门槛回归模型分析出要素投入的门槛值,通过控制要素投入来研究承接产业的绿色发展路径,并对承接产业绿色发展路径提出建议和意见。本书旨在构建测度指标和模型来定量研究区域内河北省需要承接的产业及其承接产业发展路径。

1.2 国内外研究现状

1.2.1 国外研究现状

多年来,产业转移和产业承接在国内外已经被很多学者进行了理论和实践的研究,并且取得了很大的成果,西方学者也对该研究领域和课题进行了大量的研究,主要成果是围绕"比较优势理论"等古典理论展开的。

1.2.1.1 产业转移理论研究

1996 年拉坦·弗农提出了"产品生命周期理论",此理论根植于韦伯的"工业区位理论",主要强调产品发展历经"成长期、成熟期、衰退期"三个时期。并且认为处于标准化时期时,产业选择向经济发展水平较低的地区进行转移。

来自美国的经济学家,刘易斯(1954)提出发达国家经济的不断发展使得国内人力资本持续上涨,劳动密集型产业发展的相对优势逐渐消失,而不发达地区依托其人口红利可以获得成本上的比较优势,进而这些产业开始向经济发展水平较差的地区转移。"劳动密集型产业转移理论是"Pennings 等人通过研究总结指出劳动密集型产业在空间的迁移存在一定的必然性,并指出承接地要深刻认识其必然原因,充分发挥自身发展的比较优势,发挥地区经济的特色,做好产业承接和发展。

"雁行理论"是 1962 年由日本的著名经济学家赤松要在研究产业发展问题的时候提出的,主要用来阐述欠发达国家的比较优势的变迁和特殊产业的发展过程。此后,很多学者就这个问题做了大量研究,其中以山泽逸平为代表的多位学者将其用来阐释以东南亚经济发展水平较低的地区为核心的亚洲的国家之间的产业发生分工和结构变化以及经济跨越式发展的过程和原因,认为,贸易、技术和直接投资等方式是成熟期产业向经济发展水平较差的地区迁移的主要方式,并且形成一个"雁阵"。而 1978 年日本的经济学家小岛清提出了"边际产业扩张论",主张边际成本是影响产业转移的主要因素之一,一旦产业失去了比较成本优势,必然要向外转移,而边际产业的直接对外投资是主要手段,在投资过程中要严格评估技术差距继而提高投资效率。

英国经济学家邓宁(1988)"国际产业折中理论"中,通过运用所有权—区位—内部化模型来研究企业的发展战略问题,指出产业转移存在方向性,即从发展程度较快的地区向发展程度较慢的地区转移。

1997 年波特通过对全球价值链和全球化进程的研究,提出了新型国际分工产业转移理论,主要解释了价值体系的垂直分离和重构,这促使产业在全球范围内的分割和合作,促进产业在全球范围内发生合作和转移。

肖思文、文泽军(《现代制造工程》2007 年第 6 期《WTO 条件下我国机械制造业面临的机遇、挑战及对策》)在阐述我国制造业发展现状的基础上,围绕入世给我国制造业带来的机遇和挑战,提出我国制造企业要占领世界市场,必须提高自主开发和技术创新能力,重视先进制造技术的发展,加强政府引导,加强与国际大型企业及国际相关组织的交流合作,强化人才培养机制。纪流河、马剑(《商业时代》2009 年第 13 期《制造业与服务业的产业关联度》)通过计算得出直接消耗系数、感应度系数、影响力系数一系列产业关联指标,分析出沈阳机械制造业和服务业之间产业结构的关联程度低、生产性服务业比重低、现代服务业发展缓慢的特征,揭示了保持机械制造业这一传统优势产业核心地位的重要性,并通过生产性服务高度化,重点培育现代服务业来推动机械制造业的发展。

1.2.1.2 产业转移因素和方法研究

西方学者不仅仅从发达国家的角度研究了产业转移过程和模式的理论,也对影响产业转移的因素进行了分析和研究。凯利和菲利普托斯(1982)两位美国学者研究了美国范围内的制造业向海外进行产业转移的动机,发现制造业企业进行海外转移的首要动机是盈利,其次是企业的成长和市场份额的增加等因素。

Little(1978)研究产业转移时发现影响地区和位置选择的三个主要原因分别是工资水平、优惠政策和产业的集聚程度。而 Cheng 和 Kwan(2000)对中国产业布局的研究发现,对产业的投资分布和产业分布起到关键作用的三个方面分别是市场规模大小、基础设施建设完善程度和政府相关政策的完善程度。Qing Lin 和 Yin Wang(2009)认为产业承接过程中要充分考虑环境因素以及可持续发展战略,只有在产业承接中充分考虑环境保护,才能保证地区承接产业的可持续发展。

1.2.1.3 产业承接地对产业选择及路径研究

以上理论都是立足于发达国家利益最大化,在拥有技术等相关优势的前提下,因不同诱因而进行的产业转移过程,对产业承接方涉及较少。目前也有相关学者就产业承接方如何在产业转移中居于主导地位进行产业承接的研究。Dianhua Wang(2008)认为京津冀承接国际产业转移过程中要注重技术创新,不仅仅是承接国际市场中转出来的任何产业,要立足于技术和创新来选择承接产业,并且承接产业后也要重视技术创新,这样才能达到跨越式发展。Hao Liu 和 Jianping Yan(2009)认为承接产业转移是一方面要在现有地区基础上进行市场扩展,另一方面要注重基于产业链延伸的承接过程。BD Cheng(2010)认为产业转移是区域产业升级和优化空间布局的主要手段之一,地区承担产业转移一定要考虑区域产业结构的调整和布局。Chunxiang Liu 和 Ruan Hansu(2012)研究宁波市产业承接中提出,在承接过程中要立足于本土企业特征和优势进行产业承接,研究表明,宁波市工业产业是出口产业集群基于端口优势的产业,在承接中要充分考虑这点。Qun'ou Jiang 和 Jinyan Zhan(2014)通过投入产出模型计算了产业转移与地区环境改善之间的关系,认为产业转移对于协调环境与产业发展之间存在较大的挑战。W Sun,Wenhui Li,X Lin,Z Wang(2015)运用主成分分析法研究了地区间产业转移能力,揭示空间差异工业承载能力的特点和形成机制,认为产业承接地的主动性和发展性是决定产业转移效果的主要因素。

1.2.2 国内研究现状

国内产业转移的研究是国际产业转移的延伸和发展,通过国内学者的多年研究,其主要集中在影响产业转移的动机、因素,产业转移的空间布局,产业转移产业选择和产业承接模式等方面,并取得了显著的成果。

1.2.2.1 产业转移理论延伸

(1) 梯度转移理论。"梯度转移理论"是依托弗农"产品生命周期理论"而产生的,研究的主要方面是地区和国家之间的产业转移问题,其主要满足梯度条件,即转出地和承接地要存在经济发展的梯度,一般的转移是由先进发达向低端地区的转移,转移的是发展水平不适应先进地区经济发展的产业。何忠秀(1983)等学者认为,改革开放后,中国经济发展突飞猛进,表现出了不平衡的现象,并从经济和技术力量两个方面,将区域发展分成了三个梯度:技术力量差但是资源充裕的经济落后地区;发展水平处在一般水平的"中间技术"地区;具有厚实的经济实力和先进技术的东部沿海地区。

从微观层面来看,产业转移的实质是产业内大量企业为追求利润最大化而进行空间转移的过程。国内外对于产业转移的研究主要从宏观经济和微观企业的角度出发,研究产业转移的动因、模式、影响因素及转移战略。其中,国外研究起步较早,形成了一系列的经典理论。1776 年,英国古典经济学家亚当·斯密在《国富论》中提出"绝对利益理论",认为各国应充分发挥自身比较优势,使资源、资本得到最有效的利用,并进行自由贸易,这将会大大提高劳动生产率,增加全社会物质财富。"绝对利益论"为产业转移的理论发展奠定了基础,由此衍生出许多经典理论。美国经济学家威廉·阿瑟·刘易斯提出了"劳动密集型产业转移理论"(1978)。在《国际经济秩序之演化》一书中,他认为在发达国家人口自然增长率下降的情况下,劳动成本显著上升,从而导致生产成本的增加,劳动成本上升是产业由发达国家向发展中国家转移的经济动因。

　　阿根廷经济学家劳尔·普雷维什提出了"中心—外围理论"(1949)。他将世界经济划分为拥有先进技术水平的"中心"和经济发展落后的"外围",认为"外围国家"迫于经济发展压力而实行的进口替代战略,是国际产业转移的根本原因。美国哈佛大学教授雷索德·弗农提出了"产品生命周期理论"(1966)。他将产品生命周期划分为新产品阶段、产品成熟阶段和产品标准化阶段。在产品成熟阶段,产品的差别优势逐渐丧失,产品竞争力已由产品差异度发展为成本优势。因此,产品原产国将产品生产转移到劳动力、资源等要素成本低廉的国家,从而获得成本优势。日本经济学家赤松要提出了"雁行模式理论"(1956)。他论证了先进国家将不具比较优势的产业转移到后进国家,后进国家通过学习先进国家的技术和经验,能够实现经济的发展和科技的进步。在赤松要的研究基础上,小岛清、山泽逸平等著名学者对"雁行模式理论"进行了拓展,生动形象地描绘出先进国家通过对外贸易和产业转移,带动后进国家取得经济增长的国际产业转移形态,为以东亚为中心的亚洲经济发展提供了颇具影响的理论指导。

　　日本一桥大学教授小岛清提出了"边际产业转移理论"(1978)。他将边际产业定义为在投资国丧失比较优势的产业。通过研究日本对外直接投资,他指出由于各国资源禀赋存在差异,投资国将边际产业转移到承接国,再从承接国进口产品,可以充分发挥承接国在资源、劳动力等方面的比较优势,从而降低生产成本,既可以将先进技术和管理模式应用到承接国,也可以降低投资国的进口成本,实现二者的双赢。英国经济学家约翰·邓宁提出了"国际生产折中理论"(1977)。他将海莫与金德尔伯格的"垄断优势论"、尼克尔博克的"战略投资论"、巴克利和卡森的"内部化优势论"等理论进行融合,从微观企业的角度分析了跨国企业对外投资的行为,将企业扩张的可行性归纳为企业自身的所有权优势和内部化优势,以及承接国的区位优势。

　　1978年以来,我国的思想空前活跃的理论界,特别是政府决策者,在总结以往区域经济发展的经验和教训的基础上,反思了以往片面强调均衡发展、忽视经济效益的得失,开始把效益原则和效率目标放在区域经济布局和实施区域发展政策的优先地位。有关专家把国际盛行的梯度转移理论引入了我国生产力布局和区域经济研究中,从而在实践活动中产生了实质上的影响。我国幅员辽阔,各地生产力发展水平、经济技术水平和社会发展基础差异较大,总体上可以划分为东、中、西三大经济地带。这些地区间客观上也存在着经济技术梯度,既然有梯度就有空间转移的顺序。根据市场经济规律,经济技术优势往往是由高梯度地区向低梯度地区流动的。因此,国家开始实施沿海地区优先开放战略,让有条件的高梯度地区即沿海地区引进和掌握先进技术,率先发展一步,然后逐步向处于二级、三级、四级梯度的地区推移,以期随着经济的发展、推移速度的加快,逐步达到缩小地区差距、实现经济布局和发展相对均衡之目的。

(2)反梯度理论。"反梯度"理论最早是由郭凡生(1984)在研究中东石油输出国的问题时,认为拥有丰富资源但是技术水平较差的地区在国际分工中要充分发挥自身的劳动力成本等相对优势来主动承接其他较发达国家的技术和资金流动,进而实现地区经济的跨越式发展。谭介辉(1998)认为,为了实现我国经济的跨越式发展,起到后发制人的效果,就需要改变现有的被动接受的格局,而相邻级差间逆梯度和跨级差型逆梯度发展是重要的方式。王钰(2002)等学者认为欠发达地区要主动运用反梯度理论,依托自身实际,主动引进先进技术,通过发展高科技和新技术,实现跨越式的发展,进而促进地区产业的转型升级。反梯度推移论认为,区域的技术引进和经济发展的次序不能完全依照其所处的梯度,而应该主要依据经济发展的需要和条件来定。只要经济发展需要,而且条件又具备,那么,不论区域处于哪个梯度上都可以直接引进先进技术,进而优先开发。因此,处于低梯度的区域,也可以引进外国的先进技术,实现跳跃式的发展,然后向高梯度的区域扩散技术。如果按照梯度推移,只能是梯度上的区域长期处于落后状态,区域之间的不平衡永远得不到改观。

"梯度理论"与"反梯度理论"之间的争论主要围绕我国区域经济发展路径和产业转移模式展开。根据中国区域经济发展失衡的现状,夏禹农、冯文浚(1982)首先提出"区域经济梯度转移理论"。何钟秀(1983)等将中国经济划分为落后、一般和先进三个梯度,认为应首先加快先进地区的技术和经济发展,再向一般和落后地区逐次转移,带动其发展,缩小地区差异。刘国光(1983)等支持"梯度转移理论",认为将我国沿海地区的先进技术转移到低梯度地区,可以从整体上优化产业结构,提高国民经济效益。周炼石(1996)总结了改革开放后"梯度转移理论"在我国的实践效果,认为该理论的实践应用能够为我国的社会经济发展带来长期效益。然而,"梯度理论"遭到了许多学者的质疑和批评,主要分歧在于"梯度理论"成立的前提、产业转移粘性等问题;产业集群理论也与"梯度理论"产生了矛盾,在学术界引起了激烈的讨论。

(3)分散转移理论。王至元(1988)在充分考虑地区经济发展及其他因素等内部条件的差异性时,质疑了传统的梯度观念,认为区域发展需要采取分散、集中等多种方式实现。刘友金、丁建军等(2011)针对国家之间的产业迁移特点和趋势进行了详细的研究,认为国际分工越来越细化,产业内部的分工越来越突出,进而对产业内部分工的分散转移、跨梯度与逆梯度转移、集群式转移进行了理论探索。

现有文献对产业转移模式的研究并不深入,理论性不够,除"雁行模式理论""梯度和逆梯度理论"较为成熟外,其他模式的研究比较分散,不成系统。曹荣庆(2001)、蒋文军(2001)提出整体迁移模式和部分迁移模式。陈建军、叶炜宇(2002)提出边际渗透转移模式。韩文民、王婷(2005)提出垂直型产业转移模式和水平型产业转移模式。赵张耀、汪斌(2005)提出完整价值链转移模式和工序型产业转移模式。

1.2.2.2 产业转移动机和影响因素研究

卢根鑫(1997)从生产成本的角度分析了经济发达地区由于相同产品技术机构相似而价值结构差异较大,经济发展水平较高的地区的产品成本高于其他地区,在利润最大化的驱使下,向经济发展水平较低的地区进行转移。因此生产成本是产业发生地区间迁移的主要因素,但是归根结底的主要动机还是对利润最大化的追逐。陈建军(2002)在研究国内产业转移时认为企业扩张战略需求、追求利润最大化、产业结构调整是驱使产业转移发生的动机。陈勇(2007)在其毕业论文的研究中指出影响产业在国际间迁移的区位选择的重要因素包含:要素投入成本、产业集聚效果、市场规模大小、企业的成长扩张需求和地区的社会和政治环境。并且,他认为产业转移自始至终都是先进入发展水平较高的区域再进入较低水平区域,这样的反复循环。王品慧(2007)运用相对产业梯度系数来改进传统的绝对属性带来的误差,进而扩大了产业选择的范围。林衡博运用因子分析法研究了长三角地区产业转移的情况发现影响产业梯度系数的因素主要包含综合梯度因子、外围因子以及区位因子。张丹丹(2009)通过运用引力模型选取三维面板数据进行研究,研究了在FDI影响下海峡两岸的产业转移问题,并且发现影响产业转移的因素包含人力资本、发展水平、市场规模、产业集群、环境竞争力等多方面的因素。

随着市场化程度的不断加深,蒋国政、张毅、黄小勇(2011)研究发现,要素投入对产业转移的影响力越来越弱化,而资金导向和资金流动对产业结构升级优化的作用越来越明显,并且其认为政策支持在承接产业转移中发挥着极其重要的作用。因此针对不同生命周期的产业发展策略的不同,承接工作的侧重点也应该有所不同。产业转移的根本动力是转移主体间的利益最大化,产业利益级差是产业转移的直接动力。经济学的"理性人"假设认为,企业主体的根本动机是追求经济利益最大化。那么,作为产业转移主体的企业在区域间的转移、流动也正是出于对利润的追逐。因此,区域产业间存在"利润差"或者说是存在产业利益差是产业转移的直接动力。所以,在开放式区域经济系统中,产业究竟向哪个区域转移,取决于产业转移相互比较中的利益导向,而这个利益导向来自于区域产业转移带来的利益差比较(崔海潮,2009)。

国外学者对产业转移动因的研究成果较为丰富,如成本上升论、移入需求论、工厂生命周期理论等。我国学者借鉴国外的先进理论,结合我国现实国情,对产业转移的动因进行了补充。卢根鑫(1994)对国际产业转移进行了深入研究,提出"重合产业论";认为发达国家产业转移的动因是各国劳动力价值的差异所引起的重合产业价值构成的差异。梁琦(2004)在空间经济学的基础上,提出了"产业区位生命周期理论";从"公司集中—分散—再集中"的角度解释了产业集聚动态变化趋势;用产业区位的周期性变化说明了产业转移的原因。

当前中国东部地区和中西部地区工业行业结构呈现出东部地区偏向于轻工业和劳动力密集型制造业,中西部地区偏向于重工业和资本密集型制造业的特点。这一特点是中国区域经济现行格局中的特有现象,它的形成主要可分解为两方面因素:东部地区劳动力密集型制造业率先发展在外向型经济的强力作用下,东部地区劳动力密集型制造业率先发展,而中西部地区则由于先天条件的制约发展缓慢。东部地区的沿海开放优势为其外向型制造业发展创造了得天独厚的有利条件,而中西部地区则受制于区位地理劣势在承接国际产业资本转移上明显滞后。而我国劳动力密集型制造业对国际市场依赖较为明显,使得中西部地区该类型产业发展明显落后。

新中国成立以来,在内地开发、产业内迁等政策因素作用下,中西部地区以重化工业为代表的资本密集型产业获得了超前发展机遇,形成了较为深厚的产业积淀。新中国成立后中央政府主导开展了以"三线建设"为代表的内地开发计划,以大型重化工业项目投资和东部地区军工企业内迁为手段助推中西部地区发展,使得该地区在工业化总体水平较低、轻工业基础尚且薄弱的背景下超前构建起了比较齐备的重化工业体系,导致了其当前资本密集型制造业相对较为雄厚的工业部门结构特征。这两方面因素共同导致了目前我国区域工业部门结构的特有格局,而其对区域产业转移动力机制则有着不同的影响效果。

东部地区劳动力密集型制造业率先发展为产业转移创造前提。东部地区劳动力密集型制造业的先行崛起和高度集聚,既是区域产业转移的实施前提,同时又为转移的转出方——东部地区构成了动机来源。同之前国际间的劳动力密集型产业跨国转移一样,在转移前的初始时期,转出方总是比承接方在转移行业中具有更高的发展水平亦即国际生产折中理论中发达国家企业的所有权优势和内部化优势。只有在这种差距客观存在的前提下,发达国家或发达地区企业才有通过对外投资形式向外扩张或转移的实力基础。

同时,东部沿海地区劳动力密集型制造业的高度集聚,使得局部区域内劳动力、土地、资源、能源等生产要素的需求量大幅攀升,要素供不应求的现象随之呈现,导致要素成本价格上涨、企业经营收益下降,这又构成了促使东部企业向中西部转移的直接利益动机。因此,从这一方面看,东部地区劳动力密集型制造业相对于中西部地区的巨大优势,与国际产业转移的普遍规律并不违背,也符合产业转移的一般动力机制。

中西部地区资本密集型制造业深厚积淀影响其产业转移承接动机,中西部地区资本密集型制造业相对于本地区劳动力密集型制造业的超前发展,直接影响到这些地区承接劳动力密集型产业转移的内在动机。首先,中西部地区建国几十年来,已经历了数轮由政府主导、较大规模的工业化开发浪潮,工业经济占地区经济的比重达到一定水平,已脱离了工业化的初期阶段(本书中可见)。其次,虽然中西部地区工业经济整体水平与东部发达地区相比还有一定差距,但在工业行业结构上并没有明显的层级落后特征,从某种程度上看还领先于东部地区,现代工业体系已经具备了相应基础。

因此,在总量意义和结构意义两方面,特别是在后者方面,大规模承接东部地区劳动力密集型产业区域转移对中西部地区工业化水平的提升效应并不显著。与国际产业转移中的承接国——发展中国家相比,中西部地区作为区域产业转移的承接方,其承接转移的内在动机相对不足。

综上所述,在中国国内的区域产业转移中,东部地区作为转出方有着与国际产业转移中发达国家相近的内在动机,而中西部地区则由于自身工业行业结构特征,主动承接产业转移的动机弱于发展中国家。对中西部地区来说,由于已经具备了一定程度的资本密集型制造业发展积淀,因此反过头来承接东部地区劳动力密集型产业转移在其工业化进程中并没有直接的推动意义。从这个角度来讲,中国区域产业转移的动力机制不同于国际产业转移的一般规律。

1.2.2.3　产业转移效应和空间布局研究

陈红儿(2001)研究发现,产业在区域之间的转移对产业的转出地和承接地都会带来积极的经济影响。俞国琴(2006)从产业发展的结构和产业的布局与产业转移之间的关系进行研究,发现产业转移对于产业结构的优化有着重要的影响作用。随着经济全球化进程的不断推进,产业转移和产业承接的背景也发生了巨大的变化。因此陈琼玲(2007)研究指出,当今的产业结构的优化和产业布局的调整均是以全球化为基础的,她提出需要我国在产业承接和发展过程中重点强调产业技术和创新能力的承接和发展,促进高新技术的产业化进程加快,吸引外资流入、发挥优势,实现跳跃式发展等建议。魏后凯(2013)从企业的竞争力方向分析了区域产业转移带来的竞争力方面的效应。

从理论上讲,产业转移的效应包括产业转移对转移国(地区)和承接国(地区)双方的正向和负向影响。目前,国内学者对产业转移效应的研究重心在于产业转移对承接国的效应。卢根鑫(1997)从正、反两方面就产业转移对发展中国家、发达国家、世界经济的影响进行了详细讨论。陈计旺(1999)认为发达国家将失去比较优势的产业转移到落后地区,有助于提升落后地区的经济发展,但劳动力的流动趋向于扩大区际发展差距。陈红儿(2001)认为,产业转移对转移国和承接国的经济发展都起到促进作用。卢荻(2003)、尚永胜(2006)认为,国际产业转移能够促进中国经济的发展,但却限制了产业结构升级、产业体系发展、市场竞争和产业技术进步。刘庆林等人(2007)利用修正的柯布—道格拉斯生产函数,分析了服务业国际转移的技术效应、资本效应、扩大效应和产业效应。

1.2.2.4 产业承接地对产业选择和承接产业路径研究

目前无论是从理论上还是实践上产业转移的研究中大部分都立足于产业转出方的角度来判断产业转移的动机、影响因素、路径、效应等,立足于产业承接地来进行产业转移和承接研究的较少。随着社会的不断发展,对于产业承接地承接产业转移关注越来越多。刘世锦(2003)从产业发展所需的环境出发,认为承接地的政府应联合企业等相关部门做好承接产业的配套设施的建设和准备,防止因配套设施不足而阻碍承接产业的落户和发展。羊邵武(2006)按照产业生命周期将产业发展程度不同的区域进行划分,分为产业发展比较成熟的区域和产业发展比较落后但是潜力尚存的区域,并指出:产业转移的一般过程主要是从产业发展比较先进的区域向产业发展比较落后的潜在区域进行迁移。庄晋财、吴碧波(2008)在研究西部地区承接产业转移时认为,要充分尊重产业发展规律落后淘汰产能,做好资源和产业链整合。梁云等人(2010)进一步研究产业承接模式,主要包含追求成本优势的承接模式、追求市场开拓的承接模式和产业集聚发展的承接模式。向碧华认为立足于自身优势和特点的承接产业转移是落后地区实现经济飞速发展的重要手段,其发展重要遵循可持续发展的原则,让承接产业真正成为承接地的增长点。邓丽(2012)则从生态文明的角度探索产业承接的主要方式,在全面综合经济发展、社会效益和保护环境等多方面因素,总结出涵盖网络型产业配套承接产业转移、生态化链式承接产业转移模式等承接方式。贺勤志(2014)提出产业承接地承接时要以主导产业定位以及产业链延伸为主要依据来进行产业承接和发展。杨永红(2015)则从地区转变经济发展方式的方面进行研究,对广西承接产业模式进行了探索,提出经济发展的供需矛盾以及经济发展的波动性对承接产业的产业结构优化和合理布局起到重要影响。

1.2.2.5 产业承接与环境保护关系的研究

由于近几年,环境问题成为世界共同关注的话题,因此在产业转移过程中更多的学者开始考虑产业转移对产业转出和产业承接地的环境影响。目前的学者主要集中在国际产业转移中我国是否会变成发达国家的污染避难所的问题上,其主要的研究角度包含外贸易(李小平和卢现祥,2010)、环境规制(傅京燕,2010)、外商直接投资(许和连和邓玉萍,2012)等方面。另外一些学者也研究了我国内部产业转移与环境之间的关系。例如,吴要武(2013)发现劳动密集型产业的转移对承接地的环境保护效果不显著。王志勇和陈雪梅(2014)通过量化的方法对广东省"双转移"的实施结果进行了分析,发现环境效果不佳。张彩云和郭艳青(2015)在进行污染企业转移效果研究时,指出环境规制的高效实施能够对承接地的节能减排和经济发展具有双面的推动效果。曹翔和傅京燕(2016)在研究污染产业转移对承接地的经济增长和环境保护的双向影响时发现,污染产业转移可以兼顾转出地的经济增长和环境保护但无法同时兼顾承接地的环境保护和经济增长,且技术的发展和提高可以显著抑制环境污染。

1.2.2.6 京津冀地区产业转移研究现状

戴宏伟等(2004)研究了"大北京"经济圈产业梯度转移与区域产业结构优化的关系,首次把产业梯度转移理论与京津冀产业发展相结合。文章指出,京津冀深层次产业分工与协作水平较低以及北京经济辐射力较弱,导致京津冀经济圈与珠三角、长三角较高水平的区域协作相比,存在较大差距;并在分析京津冀各自三次产业比较优势的基础上,指出产业转移是"大北京"经济圈协作与产业发展的重要环节。纪良纲、陈晓国(2004)对京津冀产业梯度转移与错位发展的路径进行了探讨。文章从异构化和同构化两种模式的角度提出河北承接京津产业转移路径,即在环京津地区与京津实现垂直分工,使产业结构向异构化方向发展;在冀中南地区建立环省会产业带,与京津实现水平分工,使产业结构向同构化方向发展,通过异构化和同构化产业转移两种路径实现河北与京津产业的错位发展。穆岩(2007)分析了国际产业转移对环渤海地区产业结构调整的影响。文章利用产业结构相似系数对环渤海区产业结构趋同状况进行分析,得出环渤海地区传统资源型产业仍占主导地位,高新技术产业有待发展,故应从营造承接国际产业转移的综合竞争优势、加快高新技术产业转移、扩大服务业开放程度、实施产业双向转移等方面促进环渤海区产业结构的优化。孙玉娟等(2007)对河北省产业转移与产业竞争力的提升进行了探讨。文章在分析河北省的环京津区位优势、港口群优势、港口工业优势及其面临的外部挑战的基础上,较早地提出河北省应借助京津冀都市圈的契机,加快承接京津产业转移。臧学英、于明言(2010)探讨了京津冀如何在战略性新兴产业领域进行对接和合作。文章指出,面临《京津冀都市圈区域规划》和战略性新兴产业发展政策出台的新机遇,京津冀可在新能源、新材料、电子信息产业、软件、交通产业、生物医药、生物育种、节能环保、电动汽车、现代制造业、新兴服务业等十六大战略性新兴产业领域实现对接合作;而新兴战略产业的合作机制的构建应从加强京津冀都市圈内部合作、完善京津冀产业链、实现产业错位发展、掌握自主知识产权与科技创新能力培育相结合等方面入手。

总的来说,上述文章对京津冀产业转移的研究多集中于梯度转移、错位分工以及产业结构优化等方面,而对于如何优化京津冀外商投资结构(制造业与服务业投资比例趋于合理化)、优化产业链布局,承接国际产业转移与区际产业转移相结合,产业转移如何更好与京津冀都市圈发展相结合等相关问题的研究均相对较少,亟待深入研究。

京津冀地区作为我国第三大经济体,其发展离不开合理的产业布局和地区互补,因此近年来学者对三地间的产业转移研究较为广泛,王军(2008)通过运用产业梯度系数测算,确定了北京产业转移的类型,以及影响转移的因素。石林(2015)运用结构相似系数测算了京津冀三地的产业重合度,发现津冀产业趋同,京冀产业差异明显,协作倾向较强;并指出京津冀地区产业的协作与转移应积极构建以技术"进链"、企业"进群"、产业"进带"、园区"进圈"为主线,形成"项目带动、企业拉动、集群驱动、产城互动、区域联动"的新格局。李宝新、刘怀毅(2016)运用引力模型分析了京津冀地区产业之间的关系,发现三地产业存在一定差异和互补,满足产业转移梯度理论,确定了河北省是京津两地的主要承接地。夏诗园(2016)从定性角度分析了河北省作为京津冀地区的首要承接地拥有一定的地缘优势和交通优势,但是受到行政壁垒和产业集聚能力差的阻碍,而破除行政壁垒和提高河北省产业集聚是实现产业承接的首要问题。

1.2.3　国内外研究评述

国内外对产业转移和承接的研究主要集中在国家和地区之间的转移,都是立足于发达地区,在其拥有核心技术、优势资源等优势条件下,为了扩大自身利益,进行的产业转移。通过从产业转移动机、效应模式等方面来研究其对产业转出地的积极影响,并从转出地角度确定转出产业的转出方式。而对从产业转移承接地的考虑较少,忽视了产业承接地在产业转移中的主体地位;并且对产业转出和承接的选择大多集中在定性研究,缺乏科学的定量研究。尽管有部分学者开始研究产业承接和环境保护之间的关系,但是研究还是较少。因此,本书就在充分考虑环境因素的前提下立足于产业承接地的主导地位,通过运用环境因子改进的产业梯度系数、自回归模型、脉冲响应等方法来定量地选择转出产业和承接产业,并运用门槛回归模型指出产业承接的发展路径。

国内外对产业转移及其相关领域的研究已经具有一定的基础,但是大多数是从定性角度来分析的,定量分析极少;更没有系统地分析产业如何转移,转移机制,转移中受哪些因素影响以及转移后的效应如何等问题;有关产业区域转移理论都将产业区域转移主体定位于转移地,对承接地的分析仅仅局限于承接转移对策方面的研究,尚未形成如何才能形成区域间产业转移互补机制方面的系统结论。因此,本书重点全面系统地分析区域产业转移基本理论分析框架、转移内在机理等理论。同时,定量分析区域产业转移综合协同效应,为产业转移提供微观理论依据,也为实证研究奠定定量化基础。

虽然我国学者对区域产业转移的研究起步较晚,但由于 20 世纪 80 年代末期至今,我国大陆特别是东部沿海地区在国际产业转移的过程中扮演了重要的承接角色。因此相关研究成果日趋全面和深入,国内学者在研究国际产业转移经典理论的基础上,结合实际情况,对经典理论进行了补充和创新。夏禹农、冯文浚(1982)将"产品生命周期理论"引入区域经济发展研究中,提出了"区域经济梯度转移理论"。汪斌(1998)对"雁行模式理论"的形成及其存在条件进行了分析;阐明该理论的提出与应用是基于特定的历史背景,对发展中大国不一定完全适用;并根据世界经济的发展特点,提出东亚地区产业发展的"双金字塔模式"。

近年来,我国西部大开发的战略方针推动了产业转移的进程。我国学者对产业转移的研究并不局限于对理论的探索,而是将理论与实践相结合,以实际事例为背景,探讨国际和国内产业转移的动因、影响因素等多方面内容。陈建军(2002)对浙江 105 家规模以上企业进行了问卷调查,分析了企业对外扩张和产业转移的行为目标、方式和区域选择。王国中、杜云鹏(2007)在总结国际产业转移趋势的基础上,用实际数据分析了国际产业转移对我国产业结构变化的推动。此外,我国学者就承接产业转移对我国区域发展的影响这一问题开展了大量研究,主要侧重于对承接国际产业转移的东部沿海地区和承接东部发达地区产业转移的中西部欠发达地区的研究。

由此可见,由理论研究转向实证分析;由注重定性研究转为定性分析和定量分析相结合：由国际产业转移对我国产业发展的影响转向国际产业转移对某个区域产业发展的影响；由单项研究国际产业转移和区域内产业转移转向综合考虑国内外产业转移对区域产业发展的影响；加强区域产业转移条件影响研究院和综合协同效应评估已成为我国区域产业转移研究的趋势。为此，本书研究国内外产业转移、区域内产业转移对京津冀产业发展的影响、分析转移机理以及对转移效应进行定量测度在国内理论研究中具有一定的创新性。

1.3　研究方法

（1）归纳与演绎。通过阅读国内外关于产业转移和产业承接的研究文献，总结梳理现有研究成果和方法，发现现有研究在方法上的局限性和内容上的不完整性，在现有的理论的基础上运用定量方法研究新的内容。

（2）基于 VAR 模型的定量研究。数学模型的运用可以简单客观地描述研究对象的属性，且保证了研究的客观性和可信性。因此本书在 VAR 模型的基础上运用脉冲响应，对 30 年的数据进行了产业承接对地区经济未来发展的影响分析。

（3）基于门槛回归模型的定量研究。产业发展受到多方面因素的影响，但是从供给侧的角度讲，可以通过控制要素投入来促进产业的发展，因此本书借助门槛回归模型分析产业发展的门槛值，进而找出促进产业发展的最优投资区间。

文章的结构安排和使用的方法按照下图所示。

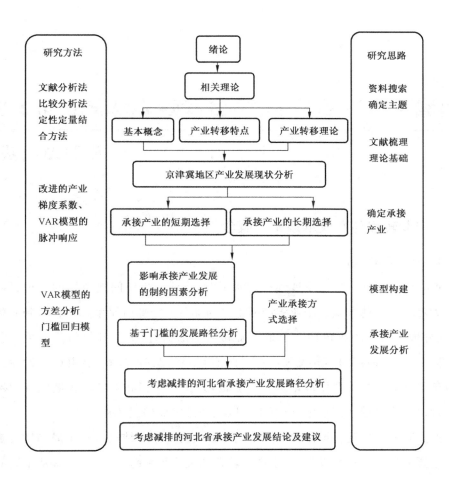

第 2 章

相关理论基础

2.1 产业转移与产业承接相关概念

2.1.1 产业转移的内涵

产业转移是地区经济发展到一定水平时,产业发生空间上位移的一种保持产业最大经济效益的方式。企业将产品生产的部分或全部由原生产地转移到其他地区,这种现象叫作产业转移。产品生命周期理论认为,工业各部门及各种工业产品,都处于生命周期的不同发展阶段,即经历创新、发展、成熟、衰退四个阶段。此后威尔斯和赫希哲等对该理论进行了验证,并作了充实和发展。区域经济学家将这一理论引到区域经济学中,便产生了区域经济发展梯度转移理论。

产业转移的出现无论是在国际间还是区域间对产业结构重新布局和发展都起到了重要的作用。长期以来,对于产业转移的关注越来越多,诸多学者从不同的方面赋予其不同的定义。王庆先(1997)在研究产业升级和产业转移时,指出产业转移本身就是一个有进有退的过程,包含了产业转出和产业承接两个过程,引进具有先进技术水平的、促进地区增长的、拥有比较优势的新兴产业,而转出的则是产能较为落后,产业成本上升,失去比较优势的产业。陈建军(2002)则提出产业转移是地区经济不断发展的结果,即由于经济水平不断发展导致在相同条件下产业生产得不到足够的资源和需求要素而向其他地区寻求产业发展必要资源和条件的转移过程。黄剑强调产业转移是一个国家或者地区经济和产业发展综合过程,涵盖投资、贸易、要素流转、产业分工等诸多因素的过程,是产业转出地优化产业结构,产业承接地产业升级发展的重要方式之一。任金玲(2010)则表示产业转移是资源要素的趋利性和市场需求的变化导致的必然结果,是地区发展必然经历的一个过程。

当前,国际国内产业分工深刻调整,我国东部沿海地区产业向中西部地区转移步伐加快。中西部地区发挥资源丰富、要素成本低、市场潜力大的优势,积极承接国内外产业转移,不仅有利于加速中西部地区新型工业化和城镇化进程,促进区域协调发展,而且有利于推动东部沿海地区经济转型升级,在全国范围内优化产业分工格局。

本书则认为产业转移不仅仅是地区经济发展达到一定水平的必然结果,也是地区市场需求、政策导向、技术水平、环境变化和要素市场流转等众多因素共同作用的结果。

2.1.2　产业承接的内涵

产业承接是产业转移的衍生概念,是产业转移过程中处在经济发展水平的低纬度的国家或地区寻求产业升级转型跳跃发展的过程。产业转移是当今世界经济发展大趋势,是由于资源供给或产品需求条件发生变化引起发达区域的部分企业顺应区域比较优势的变化趋势,将部分产业转移到发展中地区,从而在产业的空间分布上表现出该产业由发达区域向发展中地区转移的过程和现象。各级地方政府和部门主动做好承接产业转移的各项工作,才能够促进经济又快又好的发展。

产业承接同时受到产业承接地和产业转出地的经济发展水平、产业结构以及产业发展水平的共同影响。传统的产业承接是被动承接产业转移,即由于急功近利的求发展心态或者是政策导向等原因,必须去承接那些发达地区转出的,寻求短期内经济增长的产业的过程。而现在倡导的产业承接则是鼓励经济发展较差的地区依托自身的资源、要素等优势,主动向经济发展水平较高地区承接或者引进技术、人才、产业等形式的发展过程。传统的初级的产业承接是承接那些以降低成本为导向、以获得资源为导向等为目的的产业承接过程,而高级的产业承接则是对高新技术、新兴产业的对接过程,这取决于产业承接地的实际发展水平。本书认为产业承接就要发挥主体地位,发挥承接地的比较优势与经济增长优势,主动向发达地区有选择性的承接产业而不是被动承接发达地区转出的落后产业。

2.1.3　产业转移与产业承接的条件

2.1.3.1　发挥市场的调节机制

产业转移是发挥区域比较优势、促进区域协调发展的重要手段,是优化产业空间布局的有效途径。目前,我国面临产业转移加快的重要机遇。从国际看,经济全球化和国际产业分工体系进一步深化,资源要素在全球范围内重新配置,为我国承接国际产业转移提供了良好机遇。从国内看,东部沿海地区受到发展空间的限制,产业集聚的规模报酬逐渐下降;同时,外向型经济发展模式受到国际金融危机的影响,一些产业需要向中西部地区转移。从中西部一些地区看,产业基础较好,自然资源丰富,交通和通信网络日渐完善,具备承接产业转移的条件。因此,推动产业转移健康发展,对于充分发挥我国发展空间和市场广阔的优势、保持经济长期平稳较快发展具有重要意义。

当前产业转移中存在的主要问题。第一,一些地方过分看重生产总值、税收等短期经济指标,承接了一些高消耗、高污染的落后产业项目,造成产业可持续发展能力不强,也与绿色经济和循环经济发展理念背道而驰。第二,一些地方对能够创造较多税收的企业给予特殊优惠,而对其他企业则在政府服务等方面存在明显缺位,没有营造公平的发展环境,不利于产业链的延长和大中小型企业的集聚发展。第三,各个区域之间存在产业同构和低水平重复建设现象,没有形成合理的区域产业分工体系,既浪费资源,又导致恶性竞争。第四,过分重视工业发展,挤占了现代服务业发展所需的土地等资源,同时资本、技术密集型产业的过度引进不利于扩大就业和形成协调发展的现代产业体系。第五,轻视企业文化建设,对职工的人文关怀不够,造成劳动关系紧张、社会管理成本增加。第六,园区和集中居住区缺乏社会服务和风险管理,不利于特色园区建设,甚至由于较高的人口密度和人员流动性而潜藏社会不稳定因素。因此,推动产业转移健康发展,需要进一步深化认识、加强引导,使之真正与区域优势结合起来,带动区域经济可持续发展。

产业转移的主体是企业,企业在利益的驱使下自发的经济行为,只有在充分发挥市场的自我调节和自我导向作用的条件下,市场对价格、供求、竞争等机制的作用才能完全发挥,为产业战略决策者提供参考。市场的自我调节机制是产业转移和产业结构优化升级的内生性因素。

2.1.3.2 经济要发展到一定阶段

产业转移和产业承接的自发产生是需要一个对接机制,无论从梯度转移理论还是雁行理论等相关理论的角度看,产业转移地和产业承接地的经济发展要存在一定的梯度差距,存在一定的耦合机制,即一个地区满足产业转移的条件而另一个地区则满足产业承接的条件。

资源问题是导致产业转移的直接原因。东部发达地区经过长期经济高速发展,造成资源紧张,直接带来土地、劳动力、水、电等要素成本大幅度上升,沿海发达地区纷纷把工业或工业的加工环节向内地扩散,其本身则由工业生产中心转向工业调控中心。上海、广东、福建、江苏等地不少城市一些劳动密集型产业的边际收益下降,产业生存发展的压力日益增大。

中西部具备承接产业转移的能力。中国自实施西部大开发、中部崛起战略以来,不断加大对中西部地区的资金投入。如在西部大开发中,中国西部的交通、水利、能源、通信等重大基础设施建设取得了实质性进展,新开工建设 60 项重点工程,投资总规模约 8500 亿元。中西部地区的基础设施状况和投资环境日益改善,区域产业结构调整和生产的空间配置更趋优化,这些基础设施需要大规模产业转移来支持正常运营。

市场拓展成为东部产业转移的重要驱动力。中西部地区潜在和现实的庞大市场成为东部地区产业特别是劳动密集型产业投资与转移的重要驱动。如娃哈哈集团早在 20 世纪 90 年代初就出资 4000 万元兼并了重庆涪陵区三家特困企业,此后有计划地在西部安排投资、生产、销售和技术开发等业务活动。该集团已在 21 个省市建立了 28 个生产基地和 38 家子公司。

东部产业结构调整、传统产业转移是必然选择。随着东部地区经济的发展,产业面临升级的压力,东部地区目前都将发展技术密集产业作为地区新一轮产业优化升级的选择。如在珠江东岸以深圳、东莞、惠州为主的电子信息产品产业群和西岸以广州、佛山、江门、珠海为主的电器产品产业群,聚集了大量知名的高新技术企业。而长三角地区产业结构调整的战略是,优先发展高新技术产业、装备制造业和现代服务业,淘汰和转移低层次劣势产业,积极培育新兴产业,提升区域产业的整体竞争力。

2.1.3.3　产业梯度的存在

产业转移是具有方向性的迁移过程,经研究发现大部分的产业转移都是由高向低转移的,向着比较优势明显的地区流动。

尽管中国西部的经济社会面貌发生了很大变化,但人们预期的东部产业大规模向西转移的局面并没有出现,东西部之间的差距并没有缩小。

从国际背景看,东西部产业转移是中国应对国际经济竞争的战略需求。中国东部人力、水电气成本及土地成本高,挤压了投资上的利润空间,国际竞争日益激烈。周边的发展中国家针对中国的吸引外资政策,纷纷出台更为优惠的措施,吸引走了数额极高的外资。商务部国际贸易经济合作研究院指出,不少国外企业开始向越南、印度、柬埔寨等国家设厂布点。一旦中国商务成本继续抬升,这些企业就会把订单转向东南亚一带的分厂。

与此同时,发达国家也加大了对资金回流的鼓励。发达国家撤回海外投资的现象已经显现。美国出台《本土投资法》,将针对美国公司海外收益的所得税税率由35%下调至5.25%,期限是1年,条件是将这些收益投资于美国。据摩根大通测算,这将为美国带来超过4000亿美元的回流。专家认为,"十一五"期间如果国家不加快制定东部向西部投资的政策,外资投入可能选择流向菲律宾、越南等地,出现大量资本流失的局面。

引导东部部分产业向中西部转移,既是当前经济形势的客观要求,也是区域发展战略的主动追求。首先,由于劳动力、土地等各类生产要素价格不断上涨,东部地区正抓紧推进产业转型升级,部分制造业的竞争优势逐步丧失。这些比较优势退化的产业和企业,必须在空间上进行区际重组、转移。其次,我国制造业目前正面临来自发达国家和其他发展中国家的双重压力。发达国家近年来推动制造业回归,通过发挥科技创新优势,对传统制造业进行改造,实现了更高水平、更高利润率的发展;发展中国家则利用低工资等成本优势,大量吸引跨国企业投资。我国制造业一方面要转向技术和资本密集型的高附加值领域,另一方面也不能放弃劳动密集型领域的传统优势。再次,中西部地区近年来交通、信息等基础设施建设加快,产业配套能力提高,市场经营环境改善,具备了承接东部制造业转移的能力。

但是,要让这一兼顾多重目标的规划真正实现,相关部门必须在执行中把握好一些基本原则,首要的就是坚持市场主导、政府引导、环境优先、结构优化的原则,让产业转移顺应经济发展规律,让市场在资源配置中起决定性作用。

2.1.4 影响产业转移和承接的因素

不同的地区或国家经济发展水平、社会制度等方面的差异会对产业转移与产业承接产生不同的作用;即便是同一个经济体,由于其政策、环境等外部条件的不断变化都会对产业转移产生不同的作用,因此通过对产业转移影响因素的分析可以帮助我们了解产业承接过程中的主要规则,做好产业承接。

2.1.4.1　生产要素的差异

从供给侧角度看,生产要素市场的完整和齐全效果直接影响了地区的经济发展水平,进而决定了产业的结构及其发展趋势。当今社会科技飞速发展,人们对于知识的掌握也越来越多,知识经济带来的社会变革,已经逐渐改变了产业发展的轨迹,与此同时生产要素市场也发生了较大的变化,其中科技、知识、信息技术等现代要素对产业的发展和产业转移起到了关键的作用。另外,环境因素对产业发展的作用也越发明显,进而带动不同的产业向不同地区集聚,实现产业在不同地区之间的转移和流动。同时对于资源依托性产业发展,其资源的富有程度也对产业布局及其发展拥有较大的影响;劳动力供给的充裕程度取决于劳动人员的素质和数量,劳动力供应越充足,产业发展的人力成本越低,进而盈利空间越大,产业的竞争力相应增强反之越弱;高水平的员工直接推动高科技产业和高技术含量的产业快速发展,相反低素质水平的员工必然只能对低水平的传统产业有一定的推动作用,但是会阻碍高技术含量的产业的发展。但是劳动力是一个流动性的生产要素,在现实生活中也会受到很多因素的影响,而资本由于其本身具有的特质导致其具有超强的流动性,其几乎不受地域等限制,可以在不同经济体之间自由流转。另外,地区经济、技术发展的差距与快慢程度的不同,必然导致地区之间的金融活跃程度的不同。资本这一生产要素必须与其他生产要素相结合才能发挥其重要作用,并且资本生产要素分布及其不均匀,那些资本要素更丰富的地区产业的生产发展更有利,尤其是以技术和资本密集型的产业;当今技术创新和发展已经成为产业发展的根本原因,决定着产业的发展方向和发展速度。技术创新发展可以提高生产率、市场占有率,甚至能改变产业结构,创造出更具有竞争力的产业。

2.1.4.2　区位因素

产业的发展不仅仅和产业的生产要素投入有关,与一个地区的区位因素有着不可分割的联系。基础设施越完善产业发展的成本越低,产业发展效果越好。由于教育的发展,可以大大提高知识技能在产业间的流动,能吸引更多新兴产业的落户和发展。如果一个地区的基础设施不能跟上经济发展,那么越来越多的产业将因为成本等原因,向其他地区寻求发展;另外就是一个地区的市场规模和市场成长型也是影响产业转移的重要原因。市场的切进度代表一个产业集聚地与产品市场的远近和程度,如果距离较近就可以降低运输成本,吸引追求低成本的和保鲜需求的特殊行业转入。市场规模越大,在一定程度上吸引更多的需求扩张的产业进行转移,但考虑到市场饱和度和竞争情况,市场的成长性更能影响产业转移和承接。如果一个市场的市场饱和度低,市场规模在一定程度上显现出扩张趋势,那么更广阔的盈利空间就显现出来了,必然会吸引更多的产业转入。

2.1.4.3 产业集群

随着我国产业园区的不断发展,产业集群式发展在我国已经呈现出一种趋势。集群内部的企业之间是一种竞合关系,相互竞争相互合作,将更多的资源整合在一起,大大降低了资源的浪费。在产业转移和产业承接发展过程中,产业园区已经在一定程度上成为产业承接的主要载体。产业集群协同效益不仅仅体现在规模效益和专业化程度高的方面,也体现在产业集聚之后的资源共享和创新技术的共享上。产能集中会吸引更多的上游供应商和下游企业向这个区域积聚,进而获得政策、配套设施等相关产业发展基础的完善,可以达到节约交易成本、减少流动资金占用的效果。要打破以往相对零散的低关联度投资格局,从较多关注总量规模向更多关注结构质量转型,避免"捡到篮子里都是菜"的做法。只有聚焦长期的集群战略导向,才能逐步形成兼具规模经济和范围经济优势的专业化产业园区。对中西部地区制造业而言,产业集聚并非一定要采取以某个巨型企业为龙头的"中心—外围"模式,打造以中小型企业为主体的高关联性、专业化集群,可能更具现实操作性。

发挥生态经济优势。拥有良好生态环境的地区要充分认识到,制造业发展绝不能、也可以不和环境"作对"。良好的生态环境是难以复制和再生的区域竞争优势。依托资源禀赋、切实保护环境、节约集约用地用水,通过承接产业转移带动当地产业结构和经济发展的生态化,都是各地区在承接制造业转移过程中必须坚守的底线。

2.1.4.4 产业政策

在现有的经济发展形势下,产业转移是由企业发展水平、地区经济水平和市场状况共同决定的,在最大利益的驱使下做出的产业发展战略。对企业而言,产业转移首先要评估产业自身发展的内在需求和实际能力,包括生产要素、社会资本等各种资源;其次要考虑的是产业发展的环境因素,即产业转移和发展的自然环境和社会环境的共同作用。产业承接过程中我们要重点考虑的主要包括市场秩序和规范政策、产业的税收优惠等优惠政策。产业承接过程中优厚的政策导向是产业承接的重要推动力。

政府为了优化区域资源配置、克服市场缺陷或不完善、增强国民经济竞争力，而制定的有关产业未来发展的一切政策和法令的总和，主要集中在产业结构政策方面。凯恩斯的《就业、利息和货币通论》(1936)被认为政府干预市场的最早理论基础，虽然凯恩斯在总体上认为自由市场制度是一个有效的机制，但他更为强调的是只有扩大政府的宏观经济管理职能，才能保持市场经济的正常运转（陈殿阁等，2004 年）。产业政策的手段通常可以分为直接干预、间接诱导和法律规制三大类型（吴同兴，2002）。因为政府本身有不可克服的缺陷，因此政府干预有一个度的限制，超过这个度的过多干预只能引起产业结构的混乱。区域产业转移过程中，必须理解和确定市场机制和政府干预作用的合理边界，并将二者有效地结合起来。市场不能解决或解决不好的产业发展问题，必须由政府来加以干预和调节，从而促进社会资源综合配置最优化和交易成本最小化（文永明，2004）。

建立经济发展良好的"软环境"。少数地方政府人员认为，"缺少知名度"是目前招商的难题。但实际上，"名声不好"才是导致一些地区招商不易的主要原因。今后，地区的整体"硬件"环境将进一步提升，这就要求当地必须通过实施为外来企业全程服务的战略，建立和改善当地品牌。地方政府在招商阶段不要许不负责任的承诺，在企业进驻后则要积极兑现承诺，更不允许对外来企业"关门打狗"。同时，还应积极为外来企业的持续成长搭建平台，提供必要的政策服务和支持。各行业企业家之间的"口碑效应"，将会帮助地方吸引更多企业前来投资，形成发展的良性循环。

2.2 产业承接的发展趋势

2.2.1 承接产业的形式多样化

随着经济发展的越来越个性化发展，越来越多的地区和城市的发展都体现出了各自发展的特点，产业在不同地区的发展越来越多样化。不同的地区拥有不同的产业发展优势，这就决定了产业转移的多样化。有一些地区凭借国土资源、劳动力投入的相对优越点，吸引更多寻求生产投入较少的产业转移。

有的地区拥有明显的自然资源优势,则吸引更多追寻资源利用性的产业转移;有的拥有广阔的消费市场优势,则吸引那些追寻扩张型的产业转移;有的拥有明显的资本优势,则吸引那些追寻降低融资成本发展的产业转移。承接产业形式的多样化为产业承接带来了挑战也带来了更多机会。

2.2.2 承接产业的发展集群化

产业集群(cluster)是指集中于一定区域内特定产业的众多具有转移合作关系的不同规模等级的企业与其发展有关的各种机构、组织等行为主体,通过纵横交错的网络关系紧密联系在一起的空间积聚体,代表着介于市场和等级制之间的一种新的空间经济组织形式(中共锦州市委党校课题组,2010)。产业集群程度对区域产业竞争力有重要影响,其实质就是企业基于竞争合作关系,围绕在一定地区空间范围内形成某种产品产业链或某些产业链。区域产业转移通过形成产业集群,形成产业高度集中,这有利于降低企业生产成本或交易成本,提高规模效应,提高产业市场竞争力。同时,通过产业集群,在生产成本、原材料供应、产品销售方面形成竞争优势,提高其他企业进入壁垒。

在区域产业转移中,转出方或承接方基于企业"理性人"的思维,以利益最大化为原则,围绕某一区域或以形成产业规模或以整合产业链为目的,以企业为核心,在基础设施建设、信息服务、金融投资、区域文化、管理服务体制方面积极推进纵向一体化,最终形成产业集群。美国"硅谷"、中国"小商品"制造区、区域产业转移的内涵与路径分析北京中关村科技园区等形成的产业集群,无论是从规模效应或投资吸引力方面还是自主创新方面都取得很好实践效果。产业集群有利于形成产业结构调整和升级,推进区域协调发展,它已经成为影响区域产业转移的重要因素。

我国产业发展越来越追求集群发展,在保证个性需求的前提下追求整合各类资源,提高资源利用率的发展,现在越来越多的地区开始发展园区建设。而产业园区已经发展成为承接产业转移的重要平台,通过产业园区建设为产业承接提供了资金、土地等便利条件,并且能够降低不必要的成本费用。

内生性成长是推进产业集聚区向产业集群升级的客观的和最基本的路径,也是提升产业层次、推进产业高级化的必由之路。从根本上讲,它基于产业发展的内在联系,以及产业精细化、高级化的内生动力,属于产业内在关联的范畴。其内在机理在于：以产业集聚区为载体，做大做强主导产业，通过不断提高科技水平工艺水平，围绕主导产业前向后向发展拉长产业链，纵向发展成"线"；在产业链的每一个环节，又有若干同类企业或者成龙配套企业，双侧发展成"网"，最后形成产业发展面；与产业相关的各类生产服务业相继跟进，为主导产业的发展提供高质量服务和强有力的保障，最终形成产业体系，实现产业立体化发展。

2.2.3 承接产业的层次高级化

近年来，随着知识经济的不断发展，产业革命的开展，第三产业和信息技术产业的发展如火如荼，促使产业转移越来越向着高新技术产业和服务业扩展。产业转移不单单是局限在承接一个地区的淘汰产业。一些高级的产业转移也开始出现必然带来新的机遇：

技术跟踪型转移。指某一产业的研发部门因需要及时获取某方面的最新技术而进行的转移。通常是由原区域转移到所需技术先进的地区。现今，通常是从发展中国家转移到发达国家。此类转移多发生于电子技术产业的研发部门，而转移目标地也多为美国。

资源利用型转移。指某一产业的研发部门因需要目标转移地的一类或某些类的资源而进行了转移。就研发部分的资源需求来说，有人才资源、技术资源等。这种转移不像技术跟踪型转移那样具有一般方向性，如美国的某 IT 产业研发部门向印度南部城市班加罗尔的转移。班加罗尔号称印度硅谷，专为客户量身定做各类软件，每年软件出口 100 多个国家。印度软件业有丰富的人才储备，2000 年来，印度每年可培养约 7 万名软件技术人员。现在，印度科技人才数量约居世界第三位。不过，印度模式是处于全球软件业价值链的最底层，在孟加拉的女工为沃尔玛的血汗工厂努力工作时，班加罗尔的程序员们也在为来自美国和其他国家的软件订单埋头苦干。正是因为印度丰富且又相对廉价的信息技术人才资源，美国 IT 产业的研发部门才向印度转移。

生产支撑型转移。指某一产业的研发部门需要与生产紧密结合，缩短产品生产周期，加强开发生产一体化而进行的转移。此类转移的发生自 2006 年来在中国较为明显，北京和上海成为研发部门落户的黄金地带。具体原因在于，国内的需求情况和技术水平与国外存在很大差异，跨国公司为了进一步开拓市场，提高产品的竞争力,对其产品进行适应性或改进型研发,也就是所谓的"本土化",而将研发部门转移至中国本土。

2.3 产业转移理论

2.3.1 劳动密集型产业转移理论

刘易斯 1954 年在《劳动力无限供给下的经济发展》指出对社会发展起到重要作用的二元经济理论,强调发展水平较差的地区在工业发展进程不断推进的初期,拥有两个相互关联又有差异的经济部门,主要依托农业发展的经济体和依托超前的技术的新兴产业的部门。并且在此基础上,首次指出了"刘易斯拐点",即依托低成本的劳动力的劳动密集型产业在初期取得了快速的发展并且进行了大量的资金累积。但是随着其不断地扩张,对劳动力需求的不断扩大,使得劳动力市场出现供不应求,导致各个部门的劳动力工资水平不断提高,尤其是现代产业部门的工资获得较大提高,劳动力成本的增加导致低水平的产业开始向着高水平的产业进行转移,而此期间出现的高水平产业的员工工资增高的一个转折点就是"刘易斯拐点"。

随后在此基础上刘易斯提出了"劳动密集型产业转移理论",强调二战对世界劳动力在数量上和质量上的影响,导致劳动力市场出现供不应求的状况,参与劳动的人员成本不断上升即出现了"刘易斯拐点",进而导致发达国家将失去产业发展优势的劳动密集型产业向欠发达地区转移。

2.3.2 产品生命周期理论

为了研究美国在资金和贸易方面的发展状况,弗农提出了"产品生命周期理论",该理论不仅仅阐释国际间的贸易和投资问题,也用来研究和解释国际间的产业流动。

1996 年雷蒙德·弗农提出了"产品生命周期理论",此理论根植于韦伯的"工业区位理论",主要强调产品发展历经"成长期、成熟期、衰退期"三个时期。其中,成长期的产品具有极强的生长能力,企业在追求市场扩张的战略中会向国外倾销商品,期间获得了超额利润,促进生产规模不断扩大;成熟阶段,由于高额的利润吸引更多的竞争者加入本行业,行业发展的利润空间受到挤压,为了保证利润原有的生产者开始选择扩大规模实现产业的专业化生产,这样就将行业发展推入了标准化生产阶段。但是此时行业的整体的增长性受到挤压,行业为了追求利益,只能将其转入具有低成本的区域,通过产业转移,来取得长期高额的利润。就产品而言,也就是要经历一个开发、引进、成长、成熟、衰退的阶段。而这个周期在不同的技术水平的国家里,发生的时间和过程是不一样的,期间存在一个较大的差距和时差,正是这一时差,表现为不同国家在技术上的差距,它反映了同一产品在不同国家市场上的竞争地位的差异,从而决定了国际贸易和国际投资的变化。该理论侧重从技术创新、技术进步和技术传播的角度来分析国际贸易产生的基础,将国际贸易中的比较利益动态化,研究产品出口优势在不同国家间的传导,因此产业转移就发生了。

按照生命周期理论,一个特定产业的发展,可以分为创新发展阶段、成熟发展阶段和标准化发展阶段三个阶段。一般情况下,创新产业(产品)的生命周期开始于发达区域,经过若干年的生产和出口,创新产业(产品)便进入了生命周期的晚期阶段,其生产和出口基地就随之转移到欠发达区域。

具体而言,在产业的创新发展阶段,技术上的垄断性和产品的差别化是形成比较优势的最重要的来源,在这种情况下,企业的产品所面对的市场环境具有产品附加值高、市场规模小但需求价格弹性低等特点。因此,企业生产区位的选择对生产成本的影响并不高;而在产业的成熟发展阶段,由于新的市场参与者越来越多,市场规模开始扩张而产品的需求价格弹性开始提高,由于企业创新性的技术投入开始减少,而用于市场销售和企业管理的投入不断增加,同时,熟练的劳动力投入在降低生产成本中的作用越来越重要,生产的区位选择对企业竞争力的影响越来越高;在产业(产品)标准化阶段,市场参与者众多,低成本竞争成为市场竞争的主要方式,通过合理的区位选择优化企业在市场和生产之间的资源配置方式,成为企业在行业中获取竞争优势的必要条件。因此,企业往往会将产品制造环节完全转移向欠发达地区,而只在发达地区保留市场拓展职能。

2.3.3 梯度转移理论

"梯度转移理论"是依托弗农"产品生命周期理论"而产生的,研究的主要方面是地区和国家之间的产业转移问题,其主要满足梯度条件,即转出地和承接地要存在经济发展的梯度,一般的转移是按照先进发达向低端地区的转移,转移的是发展水平不适应先进地区经济发展的产业。梯度转移理论认为,区域经济的发展取决于其产业结构的状况,而产业结构的状况又取决于地区经济部门,特别是其主导产业在工业生命周期中所处的阶段。如果其主导产业部门由处于创新阶段的专业部门所构成,则说明该区域具有发展潜力,因此,将该区域列入高梯度区域。该理论认为,创新活动是决定区域发展梯度层次的决定性因素,而创新活动大都发生在高梯度地区。随着时间的推移及生命周期阶段的变化,生产活动逐渐从高梯度地区向低梯度地区转移,而这种梯度转移过程主要是通过多层次的城市系统扩展开来的。与梯度转移理论相类似的是日本学者赤松要提出的雁行模式,随后山泽逸平等日本学者将其引申并应用于解释以东亚为中心的亚洲国家国际分工、产业结果变化以及经济相继起飞的过程。雁行形态论在生产按比较优势在国际间转移这一问题上,与弗农的产品生命周期学说有相似之处。

产业梯度转移即产业区域转移,是以企业为主导的经济活动,是由于资源供给或产品需求条件发生变化后,某些产业从某一国家或地区转移到另一国家或地区的经济行为和过程。产业梯度转移,可分为国家产业梯度转移和区域内的产业梯度转移。对某地区而言,包括外区域的产业梯度转移和本地产业梯度转移到其他地区两个动态过程。在我国,"梯度转移"表现为随着先富起来的东部地区的经济结构升级,某些劳动密集的、消耗大量自然资源的、生产传统产品的产业(如制造业)转移到中、西部,甚至是按梯级顺序先转移到中部,再转移到西部。

钟秀等在研究中国经济发展状况时指出,目前中国的经济发展表现出了不平等性,地区之间的差距较大,存在明显的发展梯度,其主要是在资源和技术方面形成梯度,存在技术和资源不匹配的现状。有技术水平极差的地区,有"中间技术"区域,具有厚实的经济实力和先进技术的东部沿海地区。这样我国内部的产业之间转移顺理成章。之后有学者进一步研究梯度转移理论,对我国的投资等方面进行研究发现,我国应该主动加快东部地区的开发和投资,等条件成熟后再逐步把开发重点转移到中西部地区。

2.3.4 边际产业转移理论

1978 年日本的经济学家小岛清提出了"边际产业扩张论",主张比较成本是影响产业转移的主要因素之一,一旦产业失去了比较成本优势,必然要向外转移,而边际产业的直接对外投资是主要手段,在投资过程中要严格评估技术差距继而提高投资效率。对外直接投资应该从本国已经处于或即将处于比较劣势的产业,即边际产业开始,并依次进行。这也正是日本与美国对外直接投资方式的不同之处。其结果不仅可以使国内的产业结构更加合理、促进本国对外贸易的发展,而且还有利于东道国产业的调整、促进东道国劳动密集型行业的发展,对双方都产生有利的影响。小岛清根据对外直接投资的动机将其分为自然资源导向型、劳动力导向型、市场导向型和生产与销售国际化型四种类型。小岛清理论在把微观分析作为既定前提的基础上,注重从宏观动态角度来研究跨国公司的对外直接投资行为。缺陷在于,其动态分析仅限于日本及少数欧洲国家的情况。在对外直接投资决定因素上,小岛清注重从国际分工的比较成本来分析对外直接投资。在产业转移的过程中主要是在节约成本和优化产业结构目的的趋势下,向那些具有产业比较优势的地区进行转移,而这些地区则通过承接这些边际产业,学习发达地区的先进技能,进而运用到本地区产业的发展中,实现地区的跳跃式发展。

2.4　门槛理论

1963 年,鲍·马利士首次提出了门槛理论的说法,用来研究城市发展中制约因素的极限值,而这个极限值就是城市发展的门槛值,其研究对城市管理具有十分重要的意义。随后学者对门槛理论进行了内容和应用范围的丰富和发展,形成了门槛效应的分析方法,是门槛理论的又一大发展和进步。在门槛分析中首先要界定研究范围,其次要分析影响研究对象的主要因素,再者也是最主要的是通过数学模型和数学计算进行模型估计计算出门槛值,最后根据门槛值对实际发展提出政策建议和发展措施。

城镇发展达到限度以前,只需按比例花费扩建投资。而为克服某一限制因素,突破其限度,则需突增一次跳跃式巨额投资,才能扩大城镇容纳能力,这种限度称为城镇发展"门槛"。"门槛"具有多层次性。城镇和工业区跨越一道"门槛"后,就为在已有基本设施范围内继续增加人口提供可能,人均基建投资和经营管理费用随之相应下降。但跨越的"门槛"愈多,继续超越下一发展限度所需投资额也愈大。城镇和工业区在两个"门槛"间采取紧凑方式发展,则经济效果明显。当城市已发展至较大规模并需跨越级别较高的"门槛"时,可在地区城镇网中选择投资额较小的低"门槛",另建新城或卫星城,这样较经济合理。因采用控制论、信息论和电子计算机等先进科学技术,"门槛"理论应用范围日益广泛。在区域规划、城市规划和工业区规划中,多用于分析、认识城镇发展进程,研究铲平"门槛"(化整为零进行投资)或避免跨越"门槛"、控制城镇发展规模对策,以及"门槛"投资与相应规模不同方案比较。

门槛分析方法因其简单和弹性的特点,使得诸多学者在越来越多的研究领域进行应用。在产业发展的过程中也具有较为广泛的应用,通过计算影响产业发展的主要因素的临界值,通过控制要素投入来实现产业发展的最优化。汉森在1999年对门槛理论进行了方法创新,运用定量的数学模型对门槛值进行估算,极大地提高了门槛理论的运用频率,扩大了运用的范围。

第 3 章

京津冀地区产业发展现状分析

京津冀地区作为我国的又一大核心经济体,对我国经济发展起到至关重要的作用,需要投入更多时间和精力来促进其良好发展。《京津冀协同发展纲要》指出疏解首都非核心功能,产业升级转型是京津冀发展的重点任务。因此我们要对京津冀地区产业发展进行分析。2016 年作为"十三五"的开局之年,也是京津冀协同发展的关键一年,京津冀三地经济发展都取得了较为显著的效果。

3.1 京津冀产业协同发展的内涵与目标

3.1.1 京津冀协同发展内涵

京津冀协同发展,核心是京津冀三地作为一个整体协同发展,要以疏解非首都核心功能、解决北京"大城市病"为基本出发点,调整优化城市布局和空间结构,构建现代化交通网络系统,扩大环境容量生态空间。

推进产业升级转移,推动公共服务共建共享,加快市场一体化进程,打造现代化新型首都圈,努力形成京津冀目标同向、措施一体、优势互补、互利共赢的协同发展新格局。京津冀地区同属京畿重地,战略地位十分重要。当前区域总人口已超过 1 亿人,面临着生态环境持续恶化、城镇体系发展失衡、区域与城乡发展差距不断扩大等突出问题。实现京津冀协同发展、创新驱动,推进区域发展体制机制创新,是面向未来打造新型首都经济圈、实现国家发展战略的需要。京津冀空间协同发展、城镇化健康发展对于全国城镇群地区可持续发展具有重要示范意义。京津冀协同发展是当前我国的国家战略之一,拥有国家政策的大力支持,发展前景光明。

习近平指出,北京、天津、河北人口加起来有 1 亿多,土地面积有 21.6 万平方公里,京津冀地缘相接、人缘相亲、地域一体、文化一脉、历史渊源深厚、交往半径相宜,完全能够相互融合、协同发展。推进京津冀协同发展,要立足各自比较优势、立足现代产业分工要求、立足区域优势互补原则、立足合作共赢理念,以京津冀城市群建设为载体、以优化区域分工和产业布局为重点、以资源要素空间统筹规划利用为主线、以构建长效体制机制为抓手,从广度和深度上加快发展。推进京津双城联动发展,要加快破解双城联动发展存在的体制机制障碍,按照优势互补、互利共赢、区域一体原则,以区域基础设施一体化和大气污染联防联控作为优先领域,以产业结构优化升级和实现创新驱动发展作为合作重点,把合作发展的功夫主要下在联动上,努力实现优势互补、良性互动、共赢发展。

推动京津冀协同发展的指导思想是,以有序疏解北京非首都功能、解决北京"大城市病"为基本出发点,坚持问题导向,坚持重点突破,坚持改革创新,立足各自比较优势、立足现代产业分工要求、立足区域优势互补原则、立足合作共赢理念,以资源环境承载能力为基础、以京津冀城市群建设为载体、以优化区域分工和产业布局为重点、以资源要素空间统筹规划利用为主线、以构建长效体制机制为抓手,着力调整优化经济结构和空间结构,着力构建现代化交通网络系统,着力扩大环境容量生态空间,着力推进产业升级转移,着力推动公共服务共建共享,着力加快市场一体化进程,加快打造现代化新型首都圈,努力形成京津冀目标同向、措施一体、优势互补、互利共赢的协同发展新格局,打造中国经济发展新的支撑带。

中央"十三五"规划建议提出,京津冀协同发展要优化城市空间布局和产业结构,有序疏解北京非首都功能,推进交通一体化,扩大环境容量和生态空间,探索人口经济密集地区优化开发新模式。2015年,京津冀协同发展,努力推动三地"一张图"规划、"一盘棋"建设、"一体化"发展,在交通一体化、生态环境、产业对接三个重点领域率先突破。

在交通一体化方面,京津冀三地与中国铁路总公司共同出资成立京津冀城际铁路投资公司,2015年编制并发布了城际铁路网规划(2015—2030年)。三地谋划了10条高速铁路和城际列车,已经打通了京昆、京台等多条高速公路及一批省内干线、农村公路"断头路""瓶颈路"。保津、张唐铁路年内通车。京津城际延伸至滨海新区中心商务区,从北京南站到于家堡站,只要1个小时。津保铁路年底通车,天津到保定只要40分钟,且与京广高铁连通,天津到石家庄从目前的4个多小时缩短到1.5小时。京滨城际、京唐高铁2015年12月底率先在天津宝坻站开工,整个线路预计 2021 年竣工。

港口方面,成立了渤海津冀港口投资公司,在北京和河北设立了 10 个无水港。机场方面,北京新机场开工建设,天津民航今年底在京津冀地区将建成 20 座城市候机楼,推出空铁联运、陆空联运等多项服务。天津机场全年旅客吞吐量有望超过 1400万人次,这里面增加的客流量绝大部分来自河北和北京。通关一体化改革深化,已有超 85% 的北京企业选择以京津冀跨关区一体化方式通关,天津经北京空运进口货物通关时间、北京经天津海运进口货物通关时间和运输成本均节省近三成。

在产业对接协作方面,财政部和税务总局制定了《京津冀协同发展产业转移对接企业税收收入分享办法》。2015 年 1—10 月,北京企业在天津投资项目 327 个,到位资金 1172.7 亿元;在河北投资项目 2896 个,到位资金 2381 亿元。1—10 月,北京、河北在天津投资资金到位额超过 1520 亿元,占天津利用内资的 43%。

北京与河北共建曹妃甸协同发展示范区,设立了 200 亿元的首钢京冀协同发展投资基金,20 多家北京企业到曹妃甸落户发展。北京现代第四工厂落户河北沧州并于今年 4 月实现开工建设。推动中关村示范区、亦庄开发区与津冀合作共建大数据走廊、保定中关村创新中心等科技园区,加快打造跨京津冀科技创新园区链,促进三地创新链、产业链、资金链、政策链、服务链深度融合。

在生态方面,深入实施京津冀大气污染联防联控。今年 1—9 月,完成全年建设京冀生态水源保护林 10 万亩任务的 90%;今年 1—11 月,北京 PM2.5 累计平均浓度 74 微克/立方米,同比下降 16.6%。河北在全国率先开展"拔烟囱"等专项行动,对 612 家重点污染企业都安装脱硫脱硝除尘设施。1—11 月,全省 PM2.5 平均浓度同比下降了 24.5%。天津投入 4 亿元支持沧州、唐山两市治理大气污染。京津冀三地环保部门,正式签署《京津冀区域环保率先突破合作框架协议》,明确以大气、水、土壤污染防治为重点,以协同治污等 10 个方面为突破口,联防联控,共同改善区域生态环境治理。召开首次京津冀环境执法与环境应急联席会议,并启动区域环境执法联动工作机制,实现统一人员调配、统一执法时间、统一执法重点。

3.1.2　京津冀产业协同发展目标

随着经济全球化和区域一体化趋势不断加强,产业竞争已经由单一企业的竞争向产业集群、产业链条的竞争转变,加速了产业调整和产业空间转移的步伐,区域协同发展是地域相连或相近的两个或多个独立的经济单元之间的产业合作日趋紧密，意味着产业要在更大空间进行布局，以产业、生产要素等互动为基础的经济一体化竞争格局正在形成。产业结构服务化特征日益突出的京津冀区域发展更符合我国未来发展趋势和方向，未来发展的潜力和发挥的作用将日益加强。作为支撑我国经济发展三大增长极之一的京津冀区域，既是中国参与全球竞争、在国际竞争中占有重要战略地位的空间单元，也是引领环渤海经济圈产业一体化的重要引擎。

京津冀协同发展的最大难题是产业结构不合理，推进京津冀产业协同发展，应通过产业链上下游的合理分工，发挥各自的比较优势，实行差别化分工协作，真正形成一体化的产业体系。调整经济结构和空间结构，使京津冀成为一个经济有机体，走上集约发展之路。做好顶层设计，打破"一亩三分地"思维。像京津冀地区"一个首都、两个直辖市、三个行政区"实现产业协同发展，按照以前那样头痛医头、脚痛医脚孤立的个别项目已然行不通。京津冀协同发展通俗地讲就是京津冀重新的区域分工和定位。京津冀一体化多年未成功的原因是缺少顶层设计与监管，各自为政，事实证明只有自上而下地推进才能打破僵局。中央有关部门会同三地在深入调查研究的基础上，编制《京津冀协同发展规划纲要》，规划是规范区域协同发展的总章程，也是指引其未来发展的蓝图，既要有顶层设计纲要，也要有实施方案细则和路线图。《纲要》要细致并具有可操作性，而且要有每年完成进度的时间表，有问责举措。

3.1.3 京津冀区域的总体功能定位

京津冀区域的总体功能定位应为："世界级城市群、区域协同发展体制改革引领区、全国创新驱动和经济增长新引擎、生态修复和环境改善示范区"、环渤海经济带新增长极。

根据区域经济学的错位发展理论，京津冀三地应该有不同的定位。城市战略定位决定着城市布局和发展，战略定位是京津冀协同发展的基础性、核心性问题，产业布局和发展必须与城市战略定位相适应、相一致、相协调。明确区域和三地功能定位，是搞好顶层设计、推动协同发展的前提和基础。

在区域发展的定位上，除了宏观的总体定位以外，更要精确定位，找准产业链的环节和所处的位置。城市战略定位决定着城市产业布局和发展模式，北京、天津和河北三地各具发展优势，确定三地各自的功能定位，应充分体现各自的比较优势、竞争优势、经济分工联系，以及优势互补和合作共赢的要求。在京津冀协同发展中北京应充分发挥首都优势，可把北京的定位为全国的"政治中心、文化中心、国际交往中心、科技创新中心"。天津应利用其天然的港口优势，天津市可定位为"全国先进制造研发基地、北方国际航运核心区、金融创新运营示范区、改革开放先行区"。河北土地广阔、人口众多，重工业基础良好，要坚持发展自身的优势产业，有选择地接收京津产业转移，优化产业结构，河北省定位是"全国产业转型升级试验区、新型城镇化与城乡统筹示范区、现代商贸物流重要基地和京津冀生态环境支撑区"。北京的知识型和服务型，天津的加工型和服务型，河北的加工型和资源型的产业特征具有很强的互补性。为解决京津冀三地面对的人口、资源、环境和发展不均衡问题，需要北京"去功能化"、天津"去加工化"、河北"去重型化"。

3.2　京津冀承接产业转移现状分析

3.2.1　京津冀产业资源分析

（1）劳动力要素比较

人口数量、劳动力质量以及人力资源发展环境，是决定劳动力要素禀赋的三个主要因素。在以上三个因素中，人口数量是劳动力资源充裕与否的基础，人口数量多意味着劳动力供给充足；劳动力质量不仅是区域劳动力要素禀赋的核心要素，同时也是影响区域综合竞争力的重要因素；人力资源发展环境的优越与否，不但直接决定着劳动力的数量优势能否转化为质量优势，也是区域能否吸引外部优秀人才的重要条件。人口数量是反映劳动力要素禀赋的基础性指标，以人口总量代表；人口素质则是衡量劳动力要素禀赋的核心指标，以基本文化水平人口比重、每 10 万人中拥有大专及以上学历人口的数量、科技活动人员总数代表；劳动力发展环境对开发劳动力资源和吸引外部优秀人才具有积极意义，以城市化率代表，见表 3-1。

表 3-1　2008 年京津冀劳动力素质基本情况

地区	人口总量（万人）	基本书化水平人口比重（%）	科技活动人员（人）	城市化率（%）
北京	1695	83.34	450147	84.9
天津	1176	78.04	418937	60.72
河北	6989	65.39	146291	41.89

由表 3-1 可以看出,京津冀劳动力水平呈明显的梯度分布:对于基本文化水平人口比重,北京处于 80% 以上的水平,天津处于 70% 至 80% 之间,而河北则在 60% 至 70% 之间;对于每 10 万人中拥有大专及以上学历人口数量,北京处于 200 人以上的水平,天津则处于 100 至 200 人之间,河北则在 100 人以下;对于科技活动人员,北京与天津均在 40 万至 45 万之间,基本处于同一梯度,而河北则在 20 万以下,与京津存在较大的梯度差;对于城市化率,北京在 80% 以上的水平,天津也有超过 60% 的水平,而河北城市化水平尚不及 45.68% 的全国平均水平。

京津冀在劳动力要素禀赋方面具有较强互补性。河北劳动力总量多,而劳动力质量偏低,其发展环境(城市化水平)亦有待完善,京津则相反。由此可见,京津冀三地在劳动力数量与质量方面互补性较强,因而加快劳动力要素自由流动,有利于加快区域产业转移步伐和实现要素优势互补。

(2)资本要素比较

资本要素在区域经济发展中发挥着重要作用。在罗斯托的起飞模型中,资本累积率在 10% 以上是各国或地区实现经济起飞的先决条件。20 世纪后半叶日本、新加坡、韩国和中国台湾等新兴工业化国家和地区的崛起,也充分证实了资本要素的重要性。衡量资本要素的指标包括资本数量和增值能力。资本数量是衡量地区资本丰裕程度的基础性指标,是推动区域经济发展的重要支撑;资本的增值能力反映了资本的利用质量,也体现出资本积累的可持续性以及区域经济发展的稳定性。

总体来看,河北的资本丰裕度最高,资本增值能力则居于中间水平(高于北京而低于天津);北京的资本增值能力虽明显低于天津和河北,但北京的资本丰裕度处于中间水平(高于天津而低于河北);天津资本增值能力最高,但其资本丰裕度却低于北京和河北。然而,就人均资本量而言,则是北京最高,天津次之,河北最低。综上分析,京津冀在资本要素禀赋方面各具优势,具有很好的互补性。从整体上来看,京津冀处于由传统工业经济向知识经济过渡阶段。从局部地区来看,北京处于知识经济早期,天津处于由工业经济向知识经济过渡时期,河北处于以工业经济发展时期,故资本在京津冀各自经济发展中的地位和作用具有差异性。河北经济发展水平低,资本在经济发展中仍发挥着关键性作用。相对于其面积和人口总量,北京的资本密集程度已相当高;另外,由于北京的知识经济尚未进入成熟阶段,受传统产业资本要素边际收益递减规律影响,资本增值能力较低;天津的现代制造业和高新技术产业快速发展,使得资本的增值能力较高。

（3）技术要素比较

技术要素对区域经济发展的作用分为两方面:一是技术要素投入水平,它不仅体现了一个地区的科研活动能力,而且会影响科研成果的产出;二是技术要素产出及转化能力,它体现了一个地区科技成果的数量及其在经济生产过程中的推广和使用情况。

北京市技术创新能力位列全国前三甲,在京津冀地区则居首位。2008、2009年北京技术创新能力连续两年居全国第三位,其中知识创造和创新绩效同列全国第 1 位,创新环境居全国第 2 位,而知识获取和企业创新分别居全国第 5 和第 6位。近年来,北京构建了全方位的科技创新政策支持体系,基本覆盖了科技创新的重要领域和环节,形成了多元化科技投入体系,为北京区域创新体系的构建提供了重要支撑。为促进企业科技创新,2010 年 12 月北京市成立了中关村科技创新和产业化促进中心,以此加快自主创新和新兴战略产业示范区的构建。此外,北京市"十二五"科技规划把新兴产业列为发展重点,以期借助科技成果转化加快新兴战略产业的培育和发展。总体来说,虽然北京科技创新能力位居全国前三甲(仅次于江苏和广东),但在知识获取和企业创新能力方面仍有改进空间。天津市技术创新能力位居全国前列,在京津冀地区则处于中游水平。2009 年天津技术创新综合水平居全国第 7 位,其中知识获取排名第 4 位,知识创造和企业创新同列第 7 位,创新绩效排名第 8 位,均居全国前列,而创新环境排名第 17 位,处于全国中下游水平,有待进一步改善。近年来,天津市加快发展现代制造业和高新技术产业,并加大了企业技术改造和技术创新力度。以新能源、生物工程、电子信息、环保科技等为代表的新兴战略产业正逐步成为天津高新技术的发展前沿。尤其是以新能源产业基地、生物医药产业基地、软件出口基地、北方环保科技产业为代表的四大高新技术基地已具备相当规模。

河北省科技创新能力不仅在全国处于中下游水平,而且在京津冀地区亦处于下游水平。2009 年,河北科技创新综合能力在全国排名第 19 位,仅有知识获取一项指标居全国上游水平(排名第 11 位),而其他技术创新指标(知识创造、企业创新、创新环境和创新绩效)均处于中下游水平。河北科技创新水平低主要源于以下因素:科技研发资金投入不足,经济发展外向性不足,民营经济不发达,技术交易市场不活跃;企业不仅缺乏优越的外部创新环境,而且自主创新意识差,产品研发投入不足,使得河北企业综合竞争力不高;产业结构不合理,高新技术产业产值比重偏低,未能形成科学合理的产业创新体系。因此,河北技术创新能力的提升需要多方面、综合性的政策支持,这不仅有赖于京津的支持与合作,更有赖于自身的科技制度创新。

总体来看,北京和天津的科技创新能力明显高于河北。而面对长三角与珠三角激烈的竞争,京津冀三地间须建立切实可行的科技创新合作机制,促进科技成果的转移,推动相关领域尤其是新兴战略产业方面的科技创新合作,进而提升区域整体的科技创新能力。

3.2.2 京津冀区域产业转移的动因分析

3.2.2.1 京津冀政府政策引导

根据都市圈产业发展重点、产业空间引导的需要,有效运用政府的公共资源配置手段,制定包括资金配套、人才配套、土地供应配套等相关配套政策,促进都市圈产业的有序、高效发展。

3.2.2.2 京津冀区域经济发展差异

京津冀地区是我国区域经济发展比较特殊的地区,三地在地理位置上毗邻,但区域经济发展差异却很大。

从图 3-1 可以看出来就 GDP 总量来说北京第一、天津第二、唐山第三,北京比天津多 7013.87 亿元,天津和唐山相加是 24191.59 亿元,还需要增加 707.67 亿才与北京持平。北京 GDP 为 24899.26 亿元,占比 36.16%;天津 GDP 为 17885.39 亿元,占比 25.97%;唐山:GDP 为 6306.20 亿元,占比 9.16%。

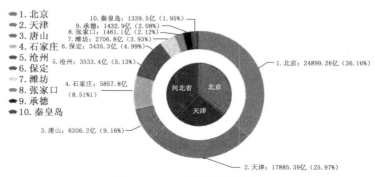

图 3-1　2016 年京津冀城市 GDP

从图 3-2 可看出，2016 年京津冀城市群总 GDP 为 68857.15 亿元，国家统计局发布今年全国 GDP 为 744127 亿元，占比 9.25％；2015 年京津冀城市群总 GDP64034.99 亿元，全国 GDP 为 689052 亿元，占比 9.29％；2016 年相对 2015 年下降约 0.04 个百分点。

图 3-2　2016 年京津冀城市群 GDP 占全国比

国家统计局的数据显示，2016 年我国国内生产总值 GDP744127 亿元，年末中国总人口 138271 万人，按此计算，2016 年我国人均 GDP 达到了 53817 元（不包含港澳台）。天津、北京、唐山、廊坊、石家庄，五市人均 GDP 高于国家平均水平，其他城市都低于国家平均水平。保定是人口大市，目前人均 GDP 处于最后一位，如图 3-3 所示。

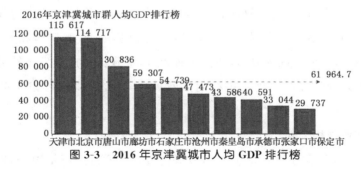

图 3-3　2016 年京津冀城市人均 GDP 排行榜

北京名义增量全国第三 1930.66 亿元，深圳 1989.61 亿元，上海 2501.16 亿元；北京以及天津增量相加名义增量共 3277.56 亿元，占整个城市群的 67.97％，在三大城市群中这个比值非常高；2016 年相比 2015 年名义增量为 55075 亿元，小编统计京津冀名义增量为 4822.16，占全国的 8.75％。如图 3-4 所示。

图 3-4　2016 年京津冀城市群 GDP 增量排行榜

北京一直是人口流入大市,上海 2016 人口依旧全国第一、北京第二;保定人口数量较多,这也解释了人均 GDP 不高的原因。

经济增长速度方面,京津冀 GDP 一直保持持续增长的态势,尤其是 21 世纪以来,保持了较高的增长速度,京津的发展速度一直高于全国平均水平。从北京情况看,自 2001 年以来,北京经济增长率较快。天津经济总量一直明显落后于北京,远低于河北。进入新世纪以来,天津开始步入全国经济增长最快的地区行列,增长速度远高于全国速度。但由于天津的基数较小,从绝对量上看,天津经济总量与北京之间的差距还在扩大。河北的 GDP 增长速度高于全国平均水平,增长率有所下滑,21 世纪以来一直低于京津两市。

区域经济发展是一个综合性范畴,从横向看,它是指一个地区在一定时期内经济各方面的综合发展状况;从纵向看,它表现为该地区经济发展的潜力和可持续发展的可能性。在区域经济发展过程中,由于产业结构的变动、调整和升级,致使各地区经济发展有了明显的差异,也正是这种差异,导致区域产业发生转移现象。因此,经济发展差异是经济发展不平衡的必然现象,也是产业转移发生的一个基础动因。

3.2.2.3　产业结构调整

发展经济学中结构主义认为:经济发展的过程实质是经济结构,尤其是产业结构升级和优化的过程,产业级差是产业转移发生的基础条件。从世界经济发展史来看,各国的产业结构依次历经了从资源密集型产业—劳动密集型产业—资本密集型产业—技术密集型产业—知识密集型产业的有序转移过程。现实中存在的世界经济发展的不平衡性,导致各国与地区之间存在着巨大的产业结构差异。而伴随经济的发展,发达国家产业结构将会进一步高级化,从而引起产业向次级发达国家转移,次级发达国家则会进一步将本国低一级的产业向较不发达的国家转移。以此类推,产业转移现象就会在国家或地区间不停地进行。产业转移的过程也正是各国或地区技术升级、经济发展的过程。

3.2.2.4　主体利益驱动

产业转移的根本动力是转移主体间的利益最大化,产业利益级差是产业转移的直接动力。经济学的"理性人"假设认为,企业主体的根本动机是追求经济利益最大化。那么,作为产业转移主体的企业在区域间的转移、流动也正是出于对利润的追逐。因此,区域产业间存在"利润差"或者说是存在产业利益差是产业转移的直接动力。所以,在开放式区域经济系统中,产业究竟向哪个区域转移取决于产业转移相互比较中的利益导向,而这个利益导向来自于区域产业转移带来的利益差比较。

3.3　京津冀地区产业发展现状

3.3.1　北京市产业发展现状

北京市作为我国政治经济的中心,其发展对我国经济运行起到至关重要的作用。在京津冀协同发展战略制定以来给北京市的发展创造了空前的机会和挑战。2016 年作为"十三五"的开局之年,北京市立足于创新、协调、绿色、开放、共享的发展理念,加快疏解非核心功能和产业升级转型,取得了较为显著的效果。

截至 2017 年 6 月 30 日,调查的 59 家新设立小微企业共有从业人员 610 人,与 2016 年同期相比增长 16.2%。分行业看,科学研究和技术服务业、租赁和商务服务业从业人员人数分别比上年同期增长 23.1% 和 11.3%;信息传输、软件和信息技术服务业从业人员人数与上年同期持平。调查企业表示,今年上半年新签订合同数量增加,经营向好以及扩展新业务是从业人数增加的主要原因。从 59 家被访企业所在的功能区看,2017 年上半年首都功能核心区从业人员数量比上年同期减少 11.1%,是四大功能区中从业人员数量唯一减少的区域。城市功能拓展区、城市发展新区和生态涵养区从业人员数量分别比上年同期增加 24.7%、11.8% 和 12.3%。从户籍情况看,首都功能核心区、城市功能拓展区非京籍从业人员所占比重分别比上年同期减少 8.4% 和 0.6%;城市发展新区、生态涵养区非京籍从业人员所占比重分别比上年同期上升 6.8% 和 1.0%。

2016 年北京市人均生产总值为 11.5 万元,全市经济获得了较为显著的增长,产业结构进一步优化,如表 3-2 所示。通过分析 2016 年北京市产业发展状况,可以发现北京市三次产业的结构由 2015 年的 0.6∶19.7∶79.7,调整为 0.5∶19.2∶80.3。由三次产业结构的变化可以发现,北京市的经济发展的主要依靠力量是第三产业,其对北京市的贡献率已经超过了 80%,并且呈持续上升的趋势。其中,金融、信息、科技等技术服务行业发挥了重要的作用,其增长速度高于全国平均水平,成功拉动了北京市第三产业的发展和经济的增长,并且优化了北京的产业结构。

2017 年 1—7 月,北京市规模以上工业企业实现主营业务收入 10820.5 亿元,比上年同期增长 5.9%;实现利润总额 888.6 亿元,比上年同期增长 9.2%。分经济类型看,1—7 月,国有企业实现利润总额 245.7 亿元,比上年同期增长 5.8%;股份制企业实现利润总额 257.9 亿元,同比下降 5.1%;“三资”企业实现利润总额384.1亿元,同比增长 24.9%。分规模看,1—7 月,大中型企业实现利润总额 759.8 亿元,比上年同期增长 8.2%。分行业看,1—7 月,在 39 个工业行业大类中,23 个行业利润实现同比增长。其中,汽车制造业实现利润总额 243.6 亿元,比上年同期增长 26%;医药制造业实现利润总额 107 亿元,同比增长 37.3%;电力、热力生产和供应业实现利润总额 266.9 亿元,同比增长 1.2%。截至 7 月末,规模以上工业企业应收账款 4278.7 亿元,比上年同期增长 8.8%;产成品资金 854.9 亿元,同比增长 8.7%。

表 3-2　2016 年北京市产业发展状况

分类	2016 年(亿元)	同比增长速度(%)
地区生产总值	24899.3	6.7
第一产业增加值	1293.6	−8.8
第二产业增加值	4774.4	5.6
第三产业增加值	19995.3	7.1

注:数据来源于《2016 年北京市国民经济和社会发展统计公报》。

通过对北京市固定资产投资数量和投资分布的分析可以发现,其主要集中在基础设施和民生服务领域。2016 年租赁和商务服务业、高新技术制造业、文体娱乐等新兴产业都实现了高速发展,获得了极大的收获,其固定资产投入同比增长率分别是 99.9％、61.3％和 55.2％。固定资产的投资一定程度上体现了政府的政策投资倾向,可以发现北京市产业发展中更加重视民生行业、服务行业和高新技术行业的发展。

通过对北京市消费市场的分析可以发现,2016 年北京市消费市场的消费结构发生了变化,消费总量获得了显著提高。其中,服务性消费增速显著,2016 年增长 10.1％,占据消费市场的榜首,其占总消费的 44.8％,对消费市场贡献值超过一半,成为拉动北京市消费增长的主要抓手。从消费市场的角度可以看出北京市服务行业的发展对经济的发展起到重要的作用,而其他一、二产业的发展空间受到压缩,一、二产业的比较优势也在逐步弱化。

2017 年上半年,随着供给侧结构性改革的深入实施,北京市经济结构调整、转型升级工作扎实推进,发展质量不断提升,第三产业发展总体呈现稳中向好态势。上半年,全市第三产业实现增加值 10198.2 亿元,按可比价计算,同比增长 7.2％,高于地区生产总值 0.4 个百分点,占地区生产总值的比重为 82.2％。在信息服务业、科技服务业等重点行业带动下,生产服务领域发展向好。信息传输、软件和信息技术服务业实现增加值 1319.5 亿元,同比增长 9.3％,高于第三产业增速 2.1 个百分点。累计完成电信业务量 361.1 亿元,同比增长 38.8％。科学研究和技术服务业实现增加值 1211.8 亿元,同比增长 10.0％,比第一季度增幅扩大 1.4 个百分点。随着"三去一降一补"扎实推进,市场供求关系继续改善,市场活跃度稳步提升。上半年,客货运输均保持较快增长。旅客周转量同比增长 8.7％,其中铁路、民航客运量均稳步提升;货物周转量由上年的下降转为增长,其中铁路增长 7.7％,民航增长 8.0％。快递业务量累计达到 9.9 亿件,同比增长 13.3％。随着业务量的增长,主要流通领域行业增加值实现较快增长,交通运输、仓储和邮政业实现增加值 554.2 亿元,同比增长 13.1％,增幅比上年同期扩大 7.8 个百分点。批发和零售业实现增加值 1190.6 亿元,同比增长 7.7％,增幅比上年同期扩大 7.1 个百分点。在"互联网＋"的推动下,电子商务市场快速发展。第二季度,全市实现电子商务交易额 8324.5 亿元,同比增长 12.7％。

随着首都文化中心、科技中心建设不断推进,政策措施效果不断显现,北京市优势产业保持良好发展势头,新动能不断累积壮大。上半年,北京市规模以上文化创意产业法人单位、战略性新兴产业法人单位、高技术服务业法人单位分别实现收入 6902.7 亿元、3870.0 亿元和 6924.9 亿元,同比分别增长 8.6％、12.6％ 和 9.1％。上半年,服务业扩大开放六大重点领域规模以上非公有制经济单位实现收入 7864.6 亿元,同比增长 15.7％,快于六大领域整体增速 8.0 个百分点,占六大领域整体收入的比重为 32.3％,比上年同期提高 1.1 个百分点。2015 年 9 月 13 日商务部和北京市政府共同印发了《北京市服务业扩大开放综合试点实施方案》,明确了 141 项服务业扩大开放试点任务,目前已经完成 127 项,完成率达到 90％,服务业扩大开放试点工作不断向纵深推进。

从大众创新万众创业的角度看,北京市近几年对高新技术、新兴产业的投入力度不断加强,2016 年,新兴产业增加值为 8132.4 亿元,较去年增长 10.1％,占全市生产总值的三分之一,其中高技术产业、战略性新兴产业等新产业,网上零售、互联网金融等新业态,新能源汽车、卫星导航定位接收机等新产品快速发展。另外,由于金融市场、消费市场的活跃程度的不断加强,创业热潮在北京市依然高涨,并且近几年创业呈现出了"高精尖"的趋势,越来越多的创业是在文化、科技等领域。

近年来京津冀一带饱受雾霾等环境污染的影响,治理环境成为经济圈发展的又一重要制约因素,因此北京市加强环境改善力度,2016 年在节能环保的新增投资增长 19.8％,超出一般预算支出;城镇污水的治理效果显著,其治理率达到 90％,增长 2.1％。森林覆盖率为 42.3％,提高 0.7 个百分点。

由此可见,北京市产业结构已经表现出了明显的"三二一"模式,其中第三产业是推动地区经济发展的主要推动力,成为了北京市的支柱产业。并且,在第二产业内部也出现了"三二一"的结构趋势,其中高新技术产业已经成为经济增长的重要拉力,而轻工业和重工业已经渐渐丧失对经济发展的主导地位。

3.3.2 天津市产业发展现状

天津市作为京津冀地区又一核心都市区,其发展在一定程度上影响着京津冀经济圈的经济增长和国家综合实力的增强。因此,天津市立足于京津冀协同发展的定位,不断进行发展,全市经济获得了较为显著的增长,产业结构进一步优化,如表 3-3 所示。其三次产业结构由 2010 年的 1.6∶53.1∶45.3 调整为 2016 年的 1.2∶44.8∶54.0。

表 3-3　2016 年天津市产业发展状况

分类	2016 年(亿元)	同比增长速度(%)
地区生产总值	17885.39	9.0
第一产业增加值	220.22	3.0
第二产业增加值	8003.87	8.0
第三产业增加值	9661.30	10.0

注:数据来源于《2016 年天津市国民经济和社会发展统计公报》。

随着京津冀协同发展的不断推进,以产业在京津冀地区进行转移和迁移为主要手段的产业转型升级不断推进,促使天津市的产业结构不断优化和发展。根据天津市 2016 年产业发展状况的分析发现,天津市第一、二产业的比重持续下降而第三产业的比重则不断上升,近几年天津市第三产业已经超越第二产业成为天津市第一大产业,2016 年其增加值占比 54%,提高 1.9%,对天津市产业发展做出卓越贡献。其中批发零售、交通运输、金融、商务服务业、互联网、信息技术等服务行业的增长效果十分明显,有效拉动第三产业的发展。第三产业以微弱的态势成为天津市最主要的经济增长点。但是天津市的第二产业仍然占据近半数的经济贡献值,其工业的发展仍然是经济增长的主要原因之一。同年,天津市实现工业增加值的 8.3% 的增长,几乎所有行业都获得了较为明显的增长,其中高技术制造业投资同比增加 34.8%,占天津市工业比重的 12.6%,"互联网＋"行业发展快速,促进社会消费总额不断上升,其中餐饮、文化娱乐等相关业态实现了快速增长。投资保持较快增长。2016 年,全社会固定资产投资 14629.22 亿元,增长 12.0%。在固定资产投资(不含农户)中,第一产业投资 289.15 亿元,增长 19.5%;第二产业投资 3940.48 亿元,增长 6.5%;第三产业投资 10376.56 亿元,增长 14.0%,比重达到 71.0%,比上年提高 1.3 个百分点。实体投资主体地位进一步显现,完成投资 9590.06 亿元,增长 17.2%,占固定资产投资的 65.7%;基础设施投资 2716.12 亿元,占固定资产投资的 18.6%。

同时,天津市在技术创新和环境保护方面也进行了大量的投入和研究。生态建设力度加大。"四清一绿"行动深入实施,以燃煤、扬尘、机动车、工业排放为重点,全力推进大气污染防治防控,改燃供热锅炉和工业锅炉 366 座,淘汰老旧车 16.5 万辆。2016 年空气质量达标天数 226 天;PM2.5、PM10 年均浓度分别下降 1.4%、11.2%。

启动实施"水十条",综合治理河道 13 条。道路交通噪声平均声级 68.0 分贝,中心城区区域环境噪声平均声级 54.0 分贝。年末全市共有环境监测站 19 个,国家生态示范区 1 个,自然保护区 8 个,自然保护区面积 9.06 万公顷。建成区绿地率 31.71%,人均公园绿地面积 9.29 平方米。通过产学研平台建设和创新联盟建设,促进企业、高校和社会的全方位合作和共同研究开发。技术创新和产业创新主要集中在新能源、生物制药、节能环保、高端制造业等产业,并且取得显著成功。通过技术研发和提升,加大了对绿色生产的投入,在环境改善和节能减排方面有了一定的成果。2016 工业能耗下降 6.6 个百分点,同比增长 1.4%;能源结构也得到改善,其中煤炭消耗逐年减少而天然气能源消耗量逐年上升,同比增长 2.3%。

2016 年,工业增加值 7238.70 亿元,增长 8.3%;其中,规模以上工业增加值增长 8.4%。规模以上工业总产值 29443.00 亿元,增长 5.7%。先进制造业发展向好。2016 年,装备制造业增加值占规模以上工业的 36.1%,拉动全市工业增长 3.7 个百分点,比上年提高 1.6 个百分点,其中汽车制造、航空航天、电气机械、专用设备等行业分别增长 11.9%、14.9%、22.3% 和 12.2%。消费品制造业增加值占全市工业的 20.8%,比上年提高 1.6 个百分点。优势产业增加值占全市工业的 91.0%,其中,航空航天、新材料以及生物医药等新兴产业合计增加值占全市工业的 16.5%,拉动全市工业增长 2.1 个百分点,比上年提高 0.9 个百分点。新产品产量快速增长。2016 年,生产节能与新能源汽车 4.79 万辆,增长 8.1 倍;城市轨道车辆实现从无到有,生产 311 辆;工业机器人 33 套,增长 26.9%;光纤、太阳能电池产量分别增长 28.2% 和 8.8%。汽车、钢材、服装等产量分别增长 0.3%、5.5% 和 19.2%,天然原油、移动通信手持机等产量分别下降 6.4%、31.5%。企业效益总体平稳。2016 年,规模以上工业企业利润总额 1984.87 亿元,同比下降 0.8%。在 39 个工业行业大类中,有 37 个行业盈利,其中 22 个行业利润增长,汽车、食品、石油加工、医药、化学原料等行业分别增长 11.0%、17.1%、18.5%、21.0% 和 28.0%。六大高耗能行业利润同比下降 1.2%,其中,黑色金属冶炼和压延加工、电力热力生产和供应等行业分别下降 21.2% 和 23.3%。

2016 年,天津服务业(第三产业)完成增加值 9661.30 亿元。其中批发和零售业增加值 2185.72 亿元,增长 5.1%;金融业增加值 1735.33 亿元,增长 9.1%;交通运输、仓储和邮政业增加值 769.87 亿元,增长 5.1%;房地产业增加值 795.78 亿元,增长 17.5%;住宿和餐饮业增加值 262.58 亿元,增长 5.0%;其他服务业完成增加值 3888.47 亿元,增长 13.0%。

综上所述,天津市的第三产业已经超过 50%,占据三次产业之首,虽然产业结构呈现出微弱的"三二一"结构模式,但是第二、三产业之间差距较小,产业结构差异不明显,仍然存在较大发展空间。

3.3.3 河北省产业发展现状

河北省紧紧抓住京津冀协同发展带来的发展机会,加大经济发展和产业转型,2016 年经济发展进一步加快,产业结构进一步优化,如表 3-4 所示,三次产业的结构为 11:47.3:41.7。尽管河北省经济总量持续增长,但是增幅 2012 年以来从9.5% 下降到 6.8%。

表 3-4　2016 年河北省产业发展状况

分类	2016 年(亿元)	同比增长速度(%)	占全省总产值(%)
地区生产总值	31827.9	6.8	—
第一产业增加值	3492.8	3.5	11.0
第二产业增加值	15058.5	6.8	47.3
第三产业增加值	13276.6	9.9	41.7

注:数据来源于《2016 年河北省国民经济和社会发展统计公报》。

通过分析可以发现,近几年河北省第三产业发展呈现出了较快的发展势头,大有赶超第二产业的趋势。尽管如此,目前来看第二产业仍然是河北省的重要主导产业。根据图 3-5 中 2012-2016 年装备制造业和钢铁工业增加值的比重对比可以发现,第二产业中以装备制造业为代表的高新技术产业获得了较大的发展,其中2016 年增长 10.2%,占比 26.0%,而以钢铁为代表的传统重污染产业的发展则越发趋缓,甚至有倒退现象,钢铁行业增加值下降 0.2%,占比 25.5%。但是河北省钢铁产业基础过于扎实,在经济发展中仍然具有一定的地位,这也是河北省未来要改善的问题。

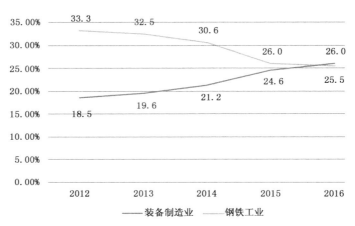

图 3-5　2012—2016 年装备制造业和钢铁工业增加值比重

2016 年是"十三五"的开局之年,河北省加快经济发展和转型升级的步伐,加大了全社会固定资产投资。通过固定资产投资可以发现河北省对第一、三产业的发展具有倾向性,而第二产业的发展维持在较为平缓的水平。对新材料、新技术的投入则有显著提升。可以发现河北省在环境和社会压力下也期望通过加大第三产业的发展进行产业的转型升级和经济增长。

综上所述,相对于京津地区河北省还处于工业化中期,产业结构呈现出明显的"二三一"结构模式,对于河北省来说他本身就存在着巨大的发展空间。

通过对京津冀地区产业发展现状的分析可以发现,北京市表现出了明显的"三二一"结构模式,且第三产业表现出了明显的发展优势,相对于第三产业,第一、二产业则表现出了比较劣势;天津市产业表现出了较为微弱的"三二一"结构模式,虽然从一定程度上表明第三产业在经济发展中的重要作用,但是天津市作为产业孵化基地,其第二产业发展不容忽视;河北省则表现出了"二三一"的产业结构,其中第三产业表现出了较为强势的发展势头,河北省本身就存在较大的发展空间,又正值京津冀协同发展战略的关键时期,北京疏散非首都核心功能,这意味着河北省可以通过承接京津地区的产业来获得产业结构升级和经济发展。

3.3.4　地区产业发展水平评价——以河北省产业为例

3.3.4.1　SSM(偏离—份额)模型原理

偏离—份额分析法(Shift-Share Method,缩写为 SSM)将研究区域自身经济总量在某一时期的变动分解为三个分量,即份额分量(The National Growth Effect)、结构偏离分量(The Industrial Mix Effect)和竞争力偏离分量(The Shift Share Effect),以此说明该区域经济发展和衰退的原因,评价区域产业结构的优劣和竞争力的强弱。

　　根据偏离—份额分析法,某一区域 i 的经济增长(G_i)可以分成三个部分:全省份额(N_i)、产业结构偏离份额(P_i)和竞争力偏离份额(D_i),即:$G_i = N_i + P_i + D_i$。假设区域 i 经济发展经历时间 $[0,t]$ 之后,经济总量和经济结构都发生变化。设基年区域 i 经济规模为 $b_{i,0}$,末期经济规模为 $b_{i,t}$。按产业分类把区域经济划分为 n 个产业部门,分别以 $b_{i,j,0}$、$b_{i,j,t}$($j=1,2\cdots\cdots n$)表示区域 i 第 j 个产业部门在初始期与末期的规模,并以 B_0、B_t 表示区域所在大的区域或全国在相应时期初期和末期的经济总规模,以 $B_{j,0}$ 与 $B_{j,t}$ 表示在大的区域或全国初期与末期第 j 个产业部门的规模。则区域 i 第 j 产业在 $[0,t]$ 时间段的变化率:$r_{i,j} = \dfrac{b_{i,j,t} - b_{i,j,0}}{b_{i,j,0}}$,区域 i 所在大区域或全国第 j 产业在 $[0,t]$ 时间段的变化率:$R_j = \dfrac{B_{j,t} - B_{j,0}}{B_{j,0}}$,以所在大区或全国各产业部门所占的份额将区域各产业部门规模标准化:$B_{i,j} = \dfrac{b_{i,0} * B_{j,0}}{\sum B_{j,0}}$。则:$N_{i,j} = B_{i,j} * R_j$,$P_{i,j} = (b_{i,j,0} - B_{i,j}) * R_j$,$D_{i,j} = b_{i,j,0} * (r_{i,j} - R_j)$。且 $N_j = \sum N_{ij}$,$P_j = \sum P_{ij}$,$D_j = \sum D_{i,j}$。

　　上式中:$N_{i,j}$ 称为份额偏量,它是指部门的全国(或所在大的区域)总量按比例分配,区域 i 的 j 部门经济发展规模发生的变化;$P_{i,j}$ 称为结构偏离分量,它是指区域部门比重与全国(或所在大的区域)相应部门比重的差异引起的区域 i 第 j 部门增长相对于全国(或所在大的区域)标准所产生的偏差,它是排除了区域增长速度与全国(或所在区域)的平均速度差异,而单独分析部门结构对增长的影响和贡献。所以,它的值越大,说明产业结构对经济总量增长的贡献越大;$D_{i,j}$ 被称之为区域竞争力偏离分量,是指区域 i 第 j 部门增长速度与全国(或所在大的区域)相应部门增长速度的差别引起的偏差,反映区域 i 的 j 部门相对竞争能力,此值越大,则说明区域 i 的 j 部门竞争力对经济增长的作用越大。

3.3.4.2 河北省三次产业及机械制造业结构效益和竞争力评价

通过 2005—2014 年河北省三次产业结构效益和竞争力的分析结果可得,工业增加值①的结构偏离分量为 −869.1392,其中第一、二产业结构偏离量均为正值,但第三产业的结构偏离量为 −2333.7035,负向偏离值较大,说明相对于国家水平,河北省第一、二产业比重相对较高,第三产业比重偏低,结构调整升级缓慢,与经济发展的阶段不相适应。其次从竞争力偏离分量来看,无论是工业增加值还是三次产业均为负值。由此可以看出河北省三次产业结构不尽合理,产业结构效益较差,竞争力较弱。

但是由于河北省产业结构的问题不仅限于三次产业结构,还包括三次产业内部结构,尤其是工业内部结构。工业在河北省经济社会发展中占有重要地位。改革开放三十多年来,全省工业经济一直保持较快增长,在国民经济中的比重不断提高。2014 年,全省工业增加值达到 13330.66 亿元,占全省生产总值的 45.31%,全省规模以上工业企业 2011 年经国务院批准,纳入规模以上工业统计范围的工业企业起点标准从年主营业务收入 500 万元提高到年主营业务收入 2000 万元。14792家,资产总计达 42555.67 亿元,实现主营业务收入 47207.76 亿元,工业销售产值 46685.47 亿元,数据是由国家统计局数据库整理而得。而作为河北省其他制造业赖以发展的基础和生产手段的机械制造业在河北省经济发展中的支柱地位也是不言而喻的,如下表所示:

表 3-5 2006—2013 历年河北省生产总值与机械工业总产值

年份	地区生产总值 (亿元)	机械工业总产值 (亿元)	机械工业占地区生产总值比重 (%)
2006	11467.60	1454.18	12.68
2007	13607.32	1963.91	14.43
2008	16011.97	2590.63	16.18
2009	17235.48	3104.23	18.01
2010	20394.26	4407.17	21.61
2011	24515.76	5470.13	22.31
2012	26575.01	6079.84	22.88
2013	28301.41	6688.02	23.63

---

① 由于国家统计部门 2000 年以后不公布三次产业的总产值数,因此采用增加值进行分析。

注：(1)数据来源：根据国研网统计数据库数据计算而得。(2)因 2012—2013 年河北省机械工业总产值数据缺失，所以用主营业务收入代替。

数据来源：由国研网统计数据库整理而得。

分析表 3-5 可得，机械工业总产值在河北省地区生产总值中所占比重逐年上升。由此可见，近年来，机械制造业在河北省经济发展中占据越来越重要的地位。机械制造业各行业在河北省工业总产值及地区生产总值中所占的比重分别接近或超过 20%。然而，2015 年以来，由于受多种因素的影响，机械制造业经济运行面临较大困难，主要经济指标增速创国际金融危机以来的新低，表明了行业形势的严峻。因此，对于河北省机械制造业的深入分析和研究是必要而有意义的。

为进一步明确河北省机械制造业的结构效益和竞争力水平以及在全国所处的位置，同时鉴于数据的可获得性，本书选取 2005—2011 年间相关数据，利用 SSM（偏离—份额）模型对河北省机械制造业的结构效益和竞争力进行分析。结果如表 3-6 所示：

表 3-6　2005—2011 年间河北省机械制造业产业结构偏离份额分析

行业	全国增长份额分量	结构偏离分量	竞争力偏离分量
工业增加值	3548.5419	576.4923	2026.7135
金属制品业	307.2566	476.7317	524.8525
通用设备制造业	555.8584	250.9618	518.7104
专用设备制造业	367.0811	318.8598	6.6368
交通运输设备制造业	869.7075	149.1091	272.2098
电气机械及器材制造业	686.5530	30.4077	500.6826
通信设备、计算机及电子设备制造业	673.3122	−595.5222	174.9574
仪器、仪表及文化办公用机械制造业	88.7731	−53.7570	28.6640

资料来源：由国研网统计数据库数据计算而得。

分析上表可以得出，虽然份额分量、结构偏离分量、竞争力偏离分量均为正值，但结构偏离分量的正向偏离值较低，这说明河北省机械制造业的结构效益仍然较差。从分行业来看，金属制品业、通用设备制造业、专用设备制造业、交通运输设备制造业、电气机械及器材制造业的结构偏离分量为正值，且一些行业的正向偏离度较大,在机械制造业中的结构效益远远大于国家平均水平。而其他行业则比重较低,尤其是通信设备、计算机及电子设备制造业和仪器、仪表及文化办公用机械制造业,这说明河北省机械制造业结构发展极不平衡。

3.4 京津冀间的交流合作

3.4.1 京津冀间的交流合作

北京和天津是渤海湾区域的两大直辖市,相距 137 公里,呈现特有的"双子星座"态势。河北省环京津地区主要包括唐山、保定、秦皇岛、廊坊、沧州、承德、张家口 7 个城市,20 世纪 90 年代,环京津地区对河北省经济增长的贡献率将近 60%,是河北经济发展最重要的区域。

(1)北京是中国北方最大的市场,天津是北方最大的工业基地。

北京是一座传统的消费型城市,2002 年末户籍人口 1136.3 万人,暂住人口将近 360 万人,城市居民人均可支配收入 12464 元,全年社会零售总额 1744.8 亿元,相当于天津的 1.9 倍。天津是北方重要的工商业城市,2002 年实现工业总产值 3717.72 亿元,比北京多 344.22 亿元,在全部 40 个工业行业大类中天津涉及的有 35 个,产业配套能力强,工业是全市经济发展最重要的推动力量。

(2)北京"总店"、天津"后厂"成为大企业集团的最成功的运营模式。

北京具有良好的亚太区域性商务中心职能,又是中国教育、科技最发达和人才最集中的地方,越来越多的企业选择在北京设立总部和企业研发中心,将天津作为生产基地。目前世界 500 强企业中有 300 多家以总公司名义在中国开办各级办事处、代表处、中国总公司,其中一半以上设在北京,摩托罗拉、三星集团等大型跨国公司纷纷将总部和研发中心设在北京,将其在华最大的生产基地设在天津。

(3)天津港成为北京和河北货物进出的重要通道。

天津港是我国北方最大港口,与世界上 160 多个国家和地区的 300 多个港口保持着贸易往来,天津港历史上就是北京的外港和河北的重要出海口,北京出口总值的三成、河北出口总值的六成经由天津港。

(4)京津教育、科技实力拥有难以比拟的优势。

环渤海地区教育资源密集,共有 300 多所大学,其中北京是全国最大的教育中心、科学技术研究基地,科研院所 360 个,居全国第一,普通高等院校 62 所,著名高校密集,全市每年获国家奖励的成果占全国的三分之一,天津有 37 所高等院校,具有发展教育产业的独特优势。北京科技经费投入居全国之首,2002 年北京科技活动经费支出 393.2 亿元,相当于天津的 6 倍、河北的 6.4 倍,占全国科技活动经费总支出的 14.7%,科学研究与试验发展(R&D)经费支出 219.5 亿元,相当于天津的 7 倍、河北的 6.5 倍,占全国的 17%。创业创新体系建设取得较大进展,2002 年末北京拥有孵化器 53 家,居全国之首,2002 年北京技术市场技术合同成交金额中一半辐射到北京之外的全国各地。

3.4.2 北京市和天津市交流合作基本情况

北京市和天津市地相连、人相亲、业务相互往来,两市经济、社会发展既各具特色又有很高的依存度和关联度,有着广泛的经济联系与良好的合作基础。

近年来,两市高层往来频繁、部门接触密切、重大基础建设步伐加快,投资贸易、物流、科技往来发展迅速。双方共同签订了《关于进一步发展经济技术合作的会谈纪要》,多次参加对方组织的经贸洽谈会、座谈会等各种活动。京津城际高速铁路的开通,进一步缩短了两市的距离。还实现了京津两个城市一卡"互联互通"功能。天津海关与北京海关签署合作备忘录,整合两地的海、空港资源,逐步实现两地海空运一体化。可以说,两市经济技术合作进入了加快发展阶段。

天津承接了北京产业转移。天津市将支持北京朝阳口岸外移至通州马驹桥物流基地,支持北京评估国际陆港实施海关卡口联网工程、"口岸直放"转检模式和"抵港退税、商封直转"的保税港"港区联动"政策,给予港口使用费优惠,实现港口手续、码头场地、装卸作业"三优化"。两地还加强了区域物流信息一体化建设,推进两地电子口岸互通互联。加强京津冀陆海空口岸的货物直通合作,互开立体口岸直通公路航班,推动两地甩挂运输推广应用。

3.4.3 天津市和河北省交流与合作基本情况

天津市与河北省人缘、地缘、水缘、事缘关系密切,同时有格局发展优势,双方经济互补性很强。长期以来,两省市在经济社会发展各个方面建立了良好的合作关系,交流与合作也在不断深化。1996 年,两省市签署了《关于全面发展经济技术合作的会谈纪要》。2000 年,签署了《概念与面向新世纪进一步发展全方位合作关系的会谈纪要》,商定共同推进环渤海区域合作,共同构筑外向型市场经济体制,加强双方服务体系的合作,积极推进产业结构调整,加强农业等九个方面的合作。2007年6月,时任天津市委书记张高丽,市委副书记、市长戴相龙和河北省省委书记白克明,省委副书记、省长郭庚茂分别率党政代表团一同考察了唐山曹妃甸工业区和天津滨海新区,并在天津市举行两省市交流合作座谈会。2009年6月,以时任天津市委书记张高丽为团长的天津市党政代表团到河北省学习考察,深入了解河北省改革开放、经济社会发展、城市建设等方面的先进经验做法,推动双方合作步伐不断加快,合作层次进一步提升。合作领域从生态、农业、旅游、建材业拓展到装备制造、矿上采集、基础设施、环保、高新技术、物流、金融等诸多方面,在项目、资金、技术、人才等方面取得了显著成果。在产品协作上,摩托罗拉、三星电子等一批天津企业与河北建立了密切的合作配套关系。在对外贸易上,河北省经天津港进出口货物占全省进出口总量的31.2%,集装箱占全省集装箱进出口总量的91.4%。在口岸通关合作上,两地海关共同推出"属地申报,口岸直放"的监管模式,实现了两地口岸的"直通"。另外,津冀两地企业间合作不断深入。天津钢管集团与保定建昌铜业有限公司共同出资35亿元,建设19万吨电解铜和36万吨铜材加工项目。天津鑫茂集团在常州建设鑫茂科技园。保定长城汽车有限公司在天津投资5亿元成立天津长城汽车有限公司。河北前进钢铁有限公司在天津开发区成立天津前进实业有限公司。河北天山房地产有限公司在天津津南区开发建设水榭花都住宅小区项目。

3.4.4 北京市和河北省交流与合作基本情况

北京与河北地域相连,资源互补,历来有着密切的联系和良好的合作基础。"十一五"期间,首都工业跨地区调整转移取得重大进展,以首钢搬迁曹妃甸为代表,北京钢铁建材等传统工业向周边地区转移达到高潮。首钢曹妃甸模式的成功,成为京津冀区域产业紧密结合的一个鲜明注脚,自首钢与唐钢共同组建京唐钢铁联合有限公司后,新钢铁厂从开工建设到投产仅用两年时间,整个一期工程全部投产后将形成970万吨的生产能力,为河北省唐山市加快打造京津冀都市圈重化工基地的步伐做出了贡献。

随着经济区域合作的日益紧密,北京的一批现代化制造业优势企业主动将生产基地签到周边地区,京城机电、京仪控股首钢机电等企业,已采取多种形式在周边地区联合建立生产基地,逐步形成了以总部经济为特色的研发和营销在北京、生产基地在外地的产业链分工。

除制造企业外,北京农牧企业也加快了向周边地区拓展的脚步。北京三元、华都、千禧鹤、大发畜产、顺鑫农业、六必居等农业龙头企业相继在张家口、承德、廊坊、秦皇岛、保定等周边地区投资建立了一批绿色种植和养殖基地、农副产品加工及仓储配送企业。京津冀产业结构变化情况如表 3-7 所示。

表 3-7　京津冀产业结构变化情况(%)

	北京			天津			河北		
	一	二	三	一	二	三	一	二	三
1995	5.1	42.3	52.6	6.6	54.6	8.83	22.1	46.6	31.3
2005	1.4	29.5	69.1	3	55.5	41.5	14.9	51.8	33.3
2006	1.3	27.8	70.9	2.7	57.1	40.2	13.8	52.4	33.8
2007	1.1	26.8	72.1	2.2	57.3	40.5	13.2	52.8	34
2008	1.1	25.7	73.2	1.9	60.1	37.9	12.6	54.2	33.2
2009	1	23.5	75.5	1.7	53	45.3	12.8	52	35.2
2010	0.9	24.0	75.1	1.6	52.4	46.0	12.6	52.5	34.9
2011	0.8	23.1	76.1	1.4	52.4	46.2	11.9	53.5	34.6

由上表可知,京津冀三省市第一产业在 GDP 中所占的比重都呈现出逐渐缩小的趋势;第二产业方面,北京市所占比重稳步降低,天津和河北省稳中有升;2005～2009 年总体来说,第三产业产值比重平稳上升,而且北京市的上升幅度略高于天津和河北。从产业结构的整体布局来看,北京市呈现出“三二一”型结构,2009 年产业结构比重分别为 1%、23.5%、75.5%,天津与河北仍然是由第二产业占主导地位的“二三一”型结构。

北京市从 1995 年三次产业产值所占比重分别为 5.1%、42.3%、52.6%,已经从传统的“二三一”型结构转变为“三二一”型结构,率先成为进入产业结构高级阶段的地区之一。北京市产业结构率先进入产业结构高级阶段主要由于其作为首都的特殊城市定位和发展战略,农业在国民经济中所占的比重越来越小,土地资源多数被用于工业及商业用地,第二产业的发展规模受到产业结构布局的限制,而第三产业对经济发展起到越来越重要的支撑作用。从表中可知,北京已经把第三产业作为主导产业,第一、二产业的缩小是其产业转移的结果,它将部分产业转移给河北促进河北的发展。

同时,河北为北京天津的发展提供了繁复的资源、人力和物力支持,为北京和天津的发展创造了强有力的后方,同时北京和天津对河北有一定的带动和辐射作用。可见,京津冀在经济产业领域有一定的互补作用。因此京津冀两市一省之间是相互联系、相互促进的关系。

3.5 京津冀协同发展总体战略措施

3.5.1 京津冀发展坚持的原则

坚持生态优先为前提,推进产业结构调整,建设绿色、可持续的人居环境。以区域资源环境,特别是水资源、大气环境承载力等为约束,严格划定保障区域可持续发展的生态红线,明确城镇发展边界,合作推进"环首都国家公园"和区域性生态廊道建设。提高城镇的用地集约利用效率,实现"存量挖潜、增量提质",构建生态、生产、生活相协调的城乡空间格局。加强城乡地域特点和人文特色塑造,保护传统村落,共同构建区域文化网络体系,坚持区域一体、协同发展的原则,谋求城镇体系、区域空间、重大基础设施的协同发展与布局。促进城镇功能合理分工,优化城镇规模结构,着力培育区域次中心城市和沿海新开发地区。强化京津高端服务功能合作对接,京津冀共同构筑面向国际的开放平台。加快建立"网络化、低碳化、安全化"的区域交通运输体系,提升天津、石家庄等中心城市的客货运枢纽地位,与北京共同构筑国际门户和国家综合交通枢纽。促进京津冀地区各机场之间的分工协作,立足北京新机场建设服务于区域的立体交通运输体系与国际物流基地。着重完善互联互通的城际轨道网,破除阻碍区域人口和要素自由流动的体制壁垒和制度障碍,促进多种形式的跨地区合作。重点加强创新、文化、教育、医疗、旅游等的跨区域合作交流,推进多种形式的经贸合作。通过区域治理创新,促进共建共享,建立区域竞合发展的良性格局,提升区域整体竞争力。两市一省应合作开展支持冀中南地区、张承地区绿色转型发展的研究建立跨区域规划的编制与实施工作的新体制、新机制。应充分发挥京津冀空间协同发展规划的综合协调平台作用,开展专项规划对接,加强重大空间布局问题的协商沟通。充分利用区域内智力资源密集的优势,以京津冀的协同发展为目标,大力推进城镇群发展理论与规划实践的创新。

3.5.2　京津冀产业发展对策

河北作为京津的外围,包含着京津两个直辖市,在长期计划经济下,河北一直支援着京津的发展,京津冀三地区存在着一种不平等的经济关系。北京与天津两个相距很近的中心城市,北京有首都优势,而天津借助港口航运优势,是中国北方的工业基地。两个城市之间相对独立发展,竞争大于合作,很少有成功的协调。北京作为中国政治中心,其首都经济地位在区域经济发展过程中起着很大的作用,汇聚着全国的物力资源。反过来看,以天津目前的经济规模和地位,也不甘心为北京服务,而是强调自身的经济中心地位,大力发展自己的优势产业,一定程度上在运输业和制造业方面取代了北京在这方面的经济辐射能力。近年来,北京、天津都提出了要成为北方金融中心的目标,天津正在争取建立金融市场,打造中国的北方金融中心。北京则要与上海争夺全国金融中心的地位。如此紧密相邻的两个大城市都要成为金融中心,则无法避免出现无序竞争现象。从国内外经济的发展规律来看,一个地区内出现多个功能相同的经济中心必然会造成人力、物力、财力资源的大量浪费,并且还无法达到预期效果,进而制约着该区域的协调发展。

另外,北京作为中国的首都,其政治性与经济性并存的特性使得北京的发展具有独立性,其对周边地区的经济辐射力与扩散力比较有限。而周边地区不得不为北京无条件提供人力、资源以及财力。这就为京津冀区域协调发展增加了难度。

除以上论述之外,京津两市功能定位不明确,缺乏必要的统筹规划,也是导致京津两市各自独立发展现象相对突出的原因。目前,从北京、天津的发展状况看来,两大城市之间的功能定位有相当大的重叠部分,这些使得京津两市在一定的市场容量下竞争大于合作,使得两个城市之间各自独立发展,无法真正联手为京津冀区域协调发展做贡献。20 世纪 90 年代初,国务院对北京的城市定位为"政治、文化、教育、科技"四个中心,而天津则定义为北方重要的工商业城市、金融、信息和技术中心,但从目前的发展状况看,北京已经成为五个经济中心,即政治、文化、教育、科技和经济中心。两个同为经济中心的城市。

京津冀都市圈应是一个三足鼎立、均衡发展的概念,北京应该强化自身的政治、文化、科教中心地位,向周边地区疏解经济功能。从过去强调全国服务首都、强调外省市保障北京,向首都服务全国来转变。河北应从北京附属的地位中解脱出来,第一做好京津两大城市产业转移的承接工作,同时根据自身的产业布局吸收优先发展的产业群,针对落后的、淘汰的中低端产业应逐级安排到河北的三线、四线城市和开发区;第二在承接产业转移的过程中要做好服务工作,抓住历史机遇,调整毗邻京津产业布局,优先发展高端的服务业和科技文化创意产业,特别是环首都的 13 个县市重点发展旅游、休闲,养老和海滨城市的建设。产业园区的建设和开发将是未来区域的提升竞争力的主力军,养老地产、物流地产、住宅地产以及商业地产会在环京津周边大幅度地开发建设,房地产以及围绕其服务的各个机构一定是黄金十年;围绕京津两大城市的周边县镇会出现更多的小城市群体,轨道交通和配套服务功能会逐步完善,形成工作在一地、生活在一地,两小时经济圈生活,真正意义的同城化时代。

在产业结构方面:三个区域的产业发展不同阶段,单靠各个区域自身的行政权限很难实现,应成立由国务院副总理一级的领导直接负责的协调小组,编制三地的统一发展规划纲要,根据各个省市的资源禀赋打造协同的、可以分梯队的产业层级,在产业空间布局和产业链衔接方面加强协作,会逐步形成产业合作紧密,分工明确,跨区域的产业集群。河北在历史的机遇中将得到更大发展,进而带动毗邻的山西、山东、安徽、内蒙古以及东三省,泛华北地带整体竞争力大幅提升,西北落后地区在经济发展中利用京津两大城市产业转移的外溢效应沾到些许利益。

3.5.3 采取措施的方向

3.5.3.1 加强基础设施建设

在京津冀协同发展步伐加快的条件下,优质的基础设施建设可以为承接京津产业转移做好充分的准备,同时也可进一步促进县域经济发展。一是加大财政投资力度,尤其是对农村民生工程的投入。二是因地制宜制定基础设施发展规划和京津冀协同发展的总体布向,根据各县具体的功能定位和特色制定发展规划。

3.5.3.2 做强产业集群,提高经济竞争力

培育和壮大产业集群有助于形成经济增长极,是推动经济发展的关键。首先,要加强集群引导和规划工作。促进河北各地区县域特色产业集群的平衡发展,并突出各地产业独具的特色,走差异化道路,避免产业的趋同化、同构化和恶性竞争。其次,进一步完善集群的发展环境。制定有利于河北省县域特色产业集群发展的

产业、税收、科技、融资政策和优惠政策,为集群发展创造宽松的政策环境。第三,进一步强化服务意识,完善各级政府相关部门的服务职能。第四,加强公共基础设施的建设,以交通、电力、信息为重点,改善特色产业聚集条件,合理规划产业园区等项目,为产业集群的发展提供完备的环境条件。

3.5.3.3　市场机制和政府协调相结合

产业结构的优化和升级是市场机制和政府协调两种力量协同作用的结果。促进生产要素的流动和产业梯度转移既需要发挥市场机制的基础性作用又需要政府政策的有效协调。

发挥市场机制的作用,一是要强化市场资源配置的基础性地位,推动一体化的消费品市场、技术市场、资金和资本市场和劳动力市场的建设与发展;二是要发挥价格的灵活导向作用。产业转移的内在推动力量就是生产业要素价格差。企业的目标是追求利润的最大化,当生产要素价格存在地区差异时,生产部门就会向生产要素价格更低的地区转移,从而带动产业的转移。

京津冀地区要进行对产业结构的进一步调整,需要各地政府履行其指导、规范、协调和服务的职能,健全市场秩序,消除各种政策壁垒,建立一套公开、透明、高效的区域合作市场机制。例如,北京市作为区域内部的高梯度地区,通过梯度转移将相对成熟有衰落趋势的产业转移到河北,既能够清减北京产业结构的冗余,又可以扩大和提升河北地区的产业发展基础。在产业转移中除了发挥市场机制的基础作用,对涉及地区间的事务,特别是产业承接或引进与产业梯度是否相符的问题上,就更需要各地方政府结合本地区的资源优势和产业结构状况发挥指导和协调作用。对处于高梯度的京津两市要积极促进竞争优势不足的企业向外转移,而产业梯度相对较低的河北地区要合理吸纳产业转移,将产业承接与资源深度加工相结合。

3.5.3.4　统筹产业发展总体规划,避免产业结构趋同

在"十二五"的起步阶段,要尽快落实、推进国家关于京津冀产业发展的统一规划,协调各方面的适当利益,使得总体规划获得有效地支持和遵守。

在过去的发展中,京津冀城市之间各自为政,自我规划,在一定程度上导致了各地发展的封闭性和盲目性。区域内大部分地区形成钢铁、化工、汽车等传统产业,又都在竞相发展电子信息、生物制药等高新技术产业;在港口规划上京津冀三

地更是都各自规划自己的港口,天津、秦皇岛、京唐港和曹妃甸四大港口的集中密集度在世界范围都比较少见。基于这种现实,迫切需要强化地区合作,形成区域统一的投资与发展环境,统一规划主要产业的发展;要建立联合发展长效工作机制,以保证区域内生产资料、人才、资金、技术等要素的无障碍流通;各地区要明确自身的比较优势,通过区际交换和产业转移,使各地区的优势得到最有效的利用,实现共赢。

3.5.3.5 依靠科技发展和自主创新,促进产业结构优化升级

科技进步和自主创新是产业的核心竞争力。京津冀地区集聚着全国一流的人才,北京和天津更是高校和科技机构的高密度区域,但由于知识要素和人才在区域内的流动较差,使得京津冀地区的创新绩效落后于长三角地区。因此,促进产业结构优化必须要促进和加快知识要素、人才和信息在区域内部的流动,提高高新技术的自我研发能力和自我消化能力。

河北由于人才聚集度较低,自主创新能力相对较弱,在产业发展中通常会按照梯度规律承接京津地区发展相对成熟的产业,以劳动力和生产资源优势谋得产业的继续发展。但这样承接而来的产业有些是高耗能或重污染型的产业,从长远利益来看,并不利于经济的可持续发展,因此,在产业承接环节应按照合理的产业导向,慎重进行选择。避免和解决这一问题的途径有两个:一是依托京津的研发能力,对所承接的产业进行技术改进,完善不合理的部分;二是在产业转移中,可以遵循合理的产业导向逆梯度发展,利用自身生产资料和劳动力资源的优势,依靠政府的积极政策直接引进高新技术产业,来达到优化和提升产业结构的目的。

3.5.3.6 打通交通壁垒,构建京津冀综合交通体系

京津冀协同发展的核心问题是交通问题,在当前与北京形成"1小时高铁圈"的基础上,打通区域内的"断头路",使高速公路实现天津中心城区1小时到达北京、3小时内到达河北省主要城市。河北在吸引外地企业纷纷入驻的同时,要着力构建现代化交通网络系统,把交通一体化作为先行领域,加快构建快速、便捷、高效、安全、大容量、低成本的互联互通综合交通网络。实现快速铁路"市市通",高速公路"县县通",形成京、津、石之间以及相邻城市之间"1小时交通圈"、主要城市与周边卫星城市之间"半小时生活圈"。

第 4 章

京津冀产业协同发展 SWOT 分析

4.1 优势分析

4.1.1 总体优势分析

京津冀经济带是环渤海区域的核心地带,也是环渤海区域城市群最为密集的地区。总体来看,北京市、天津市和河北省八市地缘相连,各种优势相对集中,经济联系较为紧密,具有一定的相互依存度和互补性。

(1)优越的区位优势和交通优势

北京作为首都拥有良好的区位条件。第一,北京位于华北平原西北部,紧临渤海湾;第二,北京是全国铁路中枢,京哈、京沪、京九、京包、京承、京秦铁路等铁路干线汇集在此,近几年来,京津城际高铁、京沪高铁、京广高铁等线路的建设大大缩短了北京与各个中心城市的距离;第三,北京首都国际机场于 2006 年首次跻身世界十大最繁忙机场行列,客运量和货运量快速增加,2010 年旅客吞吐量达到 7377 万人次,仅次于美国亚特兰大机场。

天津位于京津冀经济带的中心位置,毗邻北京,面向日韩以及俄罗斯远东地区,腹地辽阔,是中国北方最重要的出海口之一,同时拥有中国北方最大的综合性港口和区域性大型客货运枢纽机场,2014 年港口规模按照全年货物吞吐量比较是全世界第四大港口,一年的吞吐量超过 5 亿吨,集装箱超过 1300 万。把作为国际交流中心的北京和作为对外开放门户的天津结合在一起,共同打造东北亚经济合作的平台,将有利于亚洲经济发展和政治局势的稳定。天津是中国近代工业的重要发祥地,创造了 100 多个"中国第一"。近年来,天津围绕建设现代制造业和研发转化基地,以滨海新区为战略平台,打造产业集群,产业规模超过 2.3 万亿元,已成为辐射京津冀乃至整个华北地区的现代工业窝地,天津市的工业是区域经济发展的保障。

从全球视野来看,京津冀经济圈处于太平洋西岸经济日趋活跃的东北亚经济区中心地带,也是我国亚欧大陆桥东起点之一,国际经济重心向亚太区转移也使其地位不断上升。从全国视野来看,京津冀经济圈地处我国东来西往、南联北开的中枢地带,亦是联结西北、东北和华东的重要结合部,区域经济发展腹地广阔。优越的区位条件有利于本区及时抓住全球经济发展脉搏和产业发展最新趋势,适时承接国际产业转移,更好融入全球产业价值链。京津冀经济圈位于我国华北、东北和西北地区的结合部,处于日渐活跃的东北亚经济圈的中心地带,是我国经济由东向西扩散、由南向北推移的重要枢纽。

京津冀经济区综合交通运输网络在我国综合运输体系中占有重要的地位,拥有全国最高密度的交通网络。整个区域内铁路网密度约为全国平均密度的2.4倍,区域内公路发达,是全国公路最密集的地区;海岸线密集分布着大、中、小型的各具特色的现代化港口群。天津、秦皇岛等枢纽港口均与铁路干线直接相连。便利的交通运输条件,加强了京津冀地区间的联系。有利于他们的合作往来和沟通京津冀经济圈处于北方最重要的"海洋经济"与"大陆经济"连接枢纽地带,拥有便捷的交通运输条件;海运通道便捷,沿"C"字形的渤海湾西岸,密集分布着大中小型各具特色的现代化港口群;区内铁路网贯通东西南北,铁路货运年周转量占全国比重超过30%;本区也是全国公路最为稠密的地区。此外,北京为全国最大的铁路运输枢纽和航空港,而天津则是北方第一海港并拥有便捷的陆空交通运输体系,河北的铁路与公路交通也较为发达,构成全国最密集的海陆空立体交通体系。发达的交通优势不仅有利于本区发展现代物流业和港业等与交通密切相关的产业,更重要的是有利于降低企业运营成本,为本区创造良好的外部投资环境,进而增强外资吸引力。

(2)智力资源高度富集,科技实力雄厚

京津冀都市圈拥有雄厚的人才和科技教育优势,聚集着全国近百所高等院校、科研院所及国家科技实验中心,其科研投入产出水平、科技开发与应用均在全国首屈一指。北京是我国最大的科技和智力密集区。中关村科技园区涵盖了电子信息产业科研、贸易、生产基地,集聚了众多软件开发和信息技术方面的优秀人才,是全国最大的电子信息产业研发中心;北京高等院校和科研机构集中度之高,高级人才培养水平之高,科技力量、科研水平及成果数量之多,乃至科技投入产出能力之强,都在全国首屈一指。天津高等院校和科研机构众多,科研门类齐全,科研人员众多,科技教育实力较为雄厚,亦拥有较强的研发和产业转化能力。河北八市在人才和科技教育方面亦有一定实力,区内共有 20 所中等专业技术学校、21 所高等院校以及 13 所国家级科研机构,其中石家庄人力和科技教育水平较高。

北京丰富人才优势和发达的高端服务业是推动整个区域经济圈产业转型升级的根本动力。北京作为首都,是全国政治中心、文化中心、对外交往中心和创新中心,具有丰富的创新资源,北京有高校 91 所,其中重点高校占全国重点高校的1/4。北京高校中有 500 个博士培养点,占全国的 1/3;有 1081 个硕士培养点,占全国的1/5。2012 年北京市共有 288 所科研院所,R&D 人员 32.2 万人,R&D 经费支出1063.4 亿元。在每百万人口中,北京的专业技术人才约有 10 万人,广泛分布于电子通信、计算机应用、生物工程等高新技术产业。如 10 年北京拥有 1103 个高新技术企业,总产值达到 2992.7 亿元,增加值为 888.8 亿元。中关村高科技园区为区域科技创新和产业创新提供了高端平台,是全国重要的自主创新高地和技术源头,技术市场交易额已占全国 40%。在日趋激烈的竞争中为打造新优势赢持续发展,通过区域合作促进整体产业发展成为战胜危机共渡难关的首选。

(3)丰富的资源为产业发展提供了便利

从农业资源来看,京津冀地区地形复杂,涵盖了平原、丘陵、山地、高原等多种地形,农、林、牧、渔业发展条件得天独厚。河北农业规模优势和多元化经营优势明显,而京津农业发展虽受空间限制,但却具有较好的科技优势,三地在农业发展方面具有较好的互补性。从土地资源来看,在整体上,京津冀土地资源丰富,尤其是渤海湾西岸和环京津地区拥有充裕的土地资源,为区域产业转移与产业协作提供了充足的发展空间。从局部来看,北京城市拥挤问题严重,产业发展受土地资源限制较为明显;天津产业处于快速扩张阶段,而滨海新区的开发在一定程度上缓解了土地紧张局面;河北沿海四港(秦皇岛、曹妃甸、京唐港和黄骅港)尚有广阔的滩涂地域,土地资源较为充裕。总体来看,京津冀之间只有进行充分产业协作,实现产业合理分工与布局,才会实现土地资源优化配置。

从其他资源来看,京津冀劳动力资源丰富,京津拥有充裕的高素质人才,而河北有低廉的劳动力资源,三地在劳动力方面互补优势明显,为区域产业转移与合作奠定了基础;京津冀在旅游资源方面亦各具特色,有利于三地在旅游产业开展广泛深入的协作。此外,本区亦拥有发展现代化工业所需的黑色金属、有色金属、建筑材料、化工原料和能源等矿产资源,为工业发展提供了便利。

津冀产业协同发展,河北的优势在于"后发",相对于京津有着更广阔的土地和发展空间。河北较为发达的第一产业是京津冀区域经济共同体的发展基础,河北在土地资源、海岸线、劳动力资源、矿产资源、生态旅游资源等方面有明显优势;境内分布冀中煤炭基地以及华北、冀中、大港油田;农业优势突出,2014 年河北粮食总产量 3360.2 万吨,棉花总产量 43.1 万吨,油料总产量 150.2 万吨,蔬菜总产量 8125.7 万吨。河北有广阔的空间土地和庞大人口、较强农业及相对发达的城市群体。河北耕地面积 619.9 万公顷,占全国的 5.29%,为全国第五位,河北面积是京津的十倍,人口 7185.42 万,相当于京津的两倍。

通过优势互补,在北京、天津及河北形成"国际城市-国际港口-冀中平台""研发-转化-生产""高端制造-高端服务"等展模式、发展亮点,必然大大推动京津冀的发展进入一个全新的良性循环阶段,建立以北京为科研创新中心,以天津为制造业基地,以河北省为产业链上游和下游配套的分工体系。

（4）优越的经济腹地条件

京津冀经济圈拥有优越的经济腹地条件。独特的地理位置是京津冀经济产额一体化的先天优势。京津冀两市一省地理位置独特,京津环抱于河北省境内。北京是全国重要的枢纽,与津冀两地交通方便。天津是北方重要的港口之一,是京冀的出海口,又曾为河北省会,京津周边的十几个县,均是先后由河北省划出。京津冀地势平坦、资源丰富,民众生活习惯相近,民间联系紧密。2009 年,河北省政府在《关于加快壮大中心城市促进城市群快速发展的意见》中明确:将河北省环京津的 22 个县（市、区）托,强化与京津的基础设施对接,增强承接京津产业梯度转移的能力,构筑环京津卫星城市带,使其成为京津冀城市群的重要组成部分。一方面,内蒙古、山西、河南是京津冀产业发展的资源供给腹地;内蒙古与山西煤炭资源丰富,也是全国重要的电力资源净输出地,共同为京津冀产业发展提供了稳定的能源和电力供应;内蒙古区域产业转移的综合协和效应实证分析表明,以白云鄂博为中心的地区富有稀土、铁、锌、铝、镍、钴、钨、锡、铋等多种矿产资源,为京津冀工业发展提供了丰富的工业原料;此外,内蒙古的丰富的畜牧业资源以及河南的农业资源亦是京津冀经济圈产业发展的重要条件。

另一方面,内蒙古、山西、河南经济近年来表现出强劲的增长趋势,日益成为京津冀产业发展稳定的市场需求腹地。受资源和政策优势的诱导,内蒙古经济增速连续八年居全国之首,2009 年 GDP 达到 9725.78 亿元;在中部崛起政策促进之下,山西、河南两省亦保持较快增速,2009 年两省 GDP 分别为 7365.7 亿元和 19367.28 亿元。蒙、晋、豫三省经济快速发展,为京津冀产业发展提供了稳定的腹地需求,有利于摆脱金融危机后国际市场长期低迷的不利影响,从而增强区域经济发展的持续性和稳定性。

（5）产业基础雄厚

北京中关村科技园区集聚了一大批向社会开放的国家重点实验室和工程技术研究中心,形成了完善的高新技术产业社会化服务体系。目前,中关村科技园区已由海淀区的"电子一条街"发展成为包括海淀园、丰台园、昌平园、电子城科技园、亦庄科技园、德胜园和健翔园在内的一区多园的高新技术产业开发区,园区集聚了联想、方正、诺基亚、惠普、IBM、微软等国内外知名企业,吸引跨国公司分支机构 112 家,包括研发机构 41 家。北京中关村已形成完整的手机产业链,2008 年产值 160 多亿元,已集聚了 40 多家手机企业,具有应用软件、电池材料、手机性能测试、手机研发、系统软件等各个环节的研发生产能力。天津滨海新区初步形成以摩托罗拉、三星、现代电子多媒体有限公司、施耐德、梅兰日兰等知名企业为代表的电子信息业集群,以天津丰田汽车有限公司、新大洲本田摩托有限公司、SEW—传动设备有限公司、天津矢崎汽车配件有限公司为代表的机械制造产业集群,以葛兰素史克、诺维信生物技术、施维雅制药、PPG 涂料有限公司为代表性的生物医药化工产业,以顶新国际集团、天津可口可乐有限公司、天津雀巢有限公司、卡夫天美（食品）有限公司为代表的食品饮料产业。保定高新技区集聚企业近 900 家,以天威集团、英利集团、风帆集团、日本三菱株式会社、澳诺制药有限公司、德玛斯新型建筑材料有限公司、康达精细化工有限公司等国内外知名企业为代表,初步形成了太阳光伏发电、风力发电、新型储能材料、输变电设备、高效节能设备五大支柱产业。保定可再生能源企业已超过 160 余家,以太阳能、风能设备制造两大主导产业为核心,在光电领域、风电领域和节电领域形成了较为完善的产业链。

（6）政策优势

京津冀一体化最大的机遇就是国家层面重视，京津冀协同发展被上升为国家战略。"国家动力"的注入，京津冀作为中国重要经济增长极的巨大潜力将得到极大释放。为巧破"一亩三分地"的思维定式和行政区划的藩篱，2014 年国务院成立了京津冀协同发展领导小组，该领导小组在京津冀产业协同发展过程中将起到统筹协调作用，从国家层面对京津冀区域发展进行顶层设计，并在财政体制、投融资体制、市场开放、要素流动等方面给予政策支持，这将对京津冀产业协同发展提供坚实的制度保障。改革开放以来，我国经济社会取得了举世公认的成就，但是，东强西弱、南快北慢的格局依然存在，相比领中国改革开放之先的珠三角、长三角地区，京津冀地区发展相对较慢的其中一个最重要的原因就在于开放水平低。李克强总理提出将天津建成中国投资和贸易便利化综合改革创新区，这将是京津冀调整产业结构、转型升级的战略机遇期。

（7）差异化优势

差异化的发展基础和水平是京津冀产业一体化的重要推动力。北京产业基础雄厚，技术研发能力强，有充足的资金实力，集中了全国一流的高校和科研院所、大企业集团研发中心、金融机构总部和办事处，吸引了各类优秀人才。天津市工业门类齐全，已形成了石油和海洋化工、汽车和装备制造、电子信息、生物技术与现代医药、新能源和新材料、现代服务业等支柱产业，依托港口和保税区等优势，物流及相关服务业发展迅速。河北省产业结构调整取得积极成效，钢铁、石化、医药、建材、农副产品加工等行业的比较优势进一步显现，服务业结构正在逐步优化，新兴和现代服务业发展较快，农业综合生产能力提高。三地不同的产业格局，为地区梯度产业配合创造了良好的条件。北京已经进入工业化中期向后期过渡的边缘点，及其未来发展的形态是消费型的城市社会。天津属于中上水平，河北省处于较低水平。河北省与北京、天津处于不同的经济发展阶段，发展水平存在明显的差距，这将成为河北省经济发展的重要推动力。

4.1.2　天津发展的优势

多个轨道交通枢纽已建成。天津站交通枢纽是集国铁、地铁、轻轨、公交、出租车及长途客运等为一体的大型交通枢纽，是连接东北地区高速铁路网的重要枢纽。

天津西站交通枢纽是京沪高铁五大始发终到站之一，是联系我国东北、长三洲和环渤海地区的门户型交通枢纽。

航运方面，商务部发文要求天津东疆保税港区将继续深入实施"打造三个基地、培育一个中心"战略，即全力打造国家租赁业创新基地、高端航运物流业基地、北方国际商品进口基地，培育国际航运融资中心。

实现双城联动方面，天津的另一大战略就是大力发展海陆两港，谋划建设"北方国际航运中心和国际物流中心"。天津市委书记孙春兰近期多次视察天津滨海国际机场，调研机场货运，要求其要"承接首都机场货运分流"。天津谋划建设"天津国际港口城市、北方经济中心和生态城市"的宏大目标。

4.1.3　北京发展的优势

（1）政治优势

政治优势是指在北京这样一个城市里谋求发展，起点高，平台大，途径广，路途近，对于想在政坛上有所作为的人来说，选择北京作为自己从政的起点和终点是有利的。对于谋求在经济上取得成功的人来讲，北京政策上的优势。也使之成为目前中国最好的平台之一，其他领域即使是文化教育领域亦如此。

（2）经济优势

北京的经济优势不仅体现在经济总量上，更体现在了经济结构上，体现在现代产业形态在全国的领先上。比如北京的高科技产业、现代金融业、现代信息产业、现代文化产业、现代消费产业、互联网产业等在全国处于领先和优势地位，它代表了中国未来经济发展的方向。如果我们深入研究这些产业，深入研究这些产业中优秀企业发展的案例，我们就会从中学到、悟到现代产业、现代企业发展北京的经济优势不在于它创造的有形财富，更多的在于它创造的无形财富上，它创富的方式科技含量更高，知识含量更高，智慧含量更高，是知识经济、脑力经济、智慧经济的集中代表。不管是百度的搜索，还是互联网的门户；不管是现代的网游，还是高科技的软件；不管是金融大鳄的创富传奇，还是教育文化的传播天下；不管是会议论坛展览的繁盛，还是模式创新的克隆天下，都是知识经济、脑力经济、智慧经济的体现，它代表了未来，代表了人类发展的方向，而这些也都是现代人追求的方向和目标的奥秘，为走向全国积累丰富的经验。北京的经济优势不仅在于它是国内优秀企业的聚集地、现代产业的聚集地，也在于它是世界优秀企业的聚集地、国际现代产业的聚集地，无数世界级的企业落户于此，无数国际领先的产业布局于此，使我们有可能领略世界上最先进的技术、最先进的理念、最先进的管理，让我们不出国门，跟踪世界，与国际标准同行，与世界前沿同步。

（3）文化优势

北京的文化优势相较于政治优势、经济优势而言，更为突出，更为明显。具体来说，它的文化优势体现在以下方面：

第一，历史文化优势独特唯一。北京的历史文化不仅体现在各种的历史建筑、遗迹、文物、景点之中，更体现在市井街巷院落之中；不仅体现在各种的故居、人物、活动之中，更体现在各种历史和文化的传承载体如典籍、档案、戏剧、传说、故事之中。仔细审视，北京的文化优势代表了中国文化的源远流长，博大精深，绚丽多彩。

第二，多元文化的汇聚优势。北京是中国多民族、多地区文化的汇聚地，北京是世界各国文化的汇聚地，这种汇聚，因人员、文化、经济的汇聚、交融，而使北京成为多元文化的汇聚地，这种优势极其明显且是独一无二的。我们要纵览全国各地文化、纵览世界各国文化，都可以在北京找到它的载体，吸收它的营养。

第三，北京不仅具有承载中国历史文化、全国各地文化、世界各国文化的多种载体，更是创造新的文化，新的历史的策源地、发生地，它有着各种研究机构、名牌大学，多样化的传播媒体、传播平台。因此，北京又是现代文化的创造者、引领者、传播者。在北京可以学到当代中国、当代世界最先进的文化，最前沿的文化，使我们的思想和行动走在世界的前列。

第四，科技、思想、理念、模式的优势。科技的优势体现在改变中国、改变世界的先进技术上，北京聚集了中国最顶尖的科研机构、高等院校，聚集了最多的高科技企业，是他们引领了中国科技发展的潮流，引领了中国企业的发展潮流。我们要学习中国最现代的技术，到北京来寻求发展是最优的选择。

我们往往强调和重视科技的优势，实际上改变人类生活的不仅是科技，还有思想、观念、模式等等。思想上的领先，观念上的转变，模式上的创新，往往是科技上创新的前提和基础。北京是中国各类思想、理论的传播基地、创造基地，它引领了中国思想、观念、模式创新的潮流，是中国思想、观念、模式的主要领导者，而这种优势使得北京能够走在中国和世界的前列。我们应该看到和充分发挥这一优势。

4.1.4 河北发展的优势

第一,资源优势。河北省是全国唯一兼有海滨、平原、湖泊、丘陵、山地、高原的省份。拥有 487 公里长的海岸线和 132 个岛屿,海岸带总面积 10364 平方公里,是华北和西北的重要出海通道。海洋生物资源和海洋矿产资源丰富,有可开发利用盐田面积 6 万公顷,在全国具有明显优势;近海石油探明储量 6 亿吨、天然气 144 亿立方米,居渤海地区首位。由北到南,沿渤海湾分布着山海关港、秦皇岛港、京唐港、曹妃甸港和黄骅港五大港口,共有码头(泊位)58 个,有巨大的吞吐能力,现已纳入国家级发展战略的曹妃甸新区所拥有的矿石专用码头是我国北方最优越的深水港址。第二,基础设施优势。目前,河北省的基础设施建设取得重大进展,京石客运专线、南水北调中线工程河北段等重点项目加快推进,全省开工在建高速公路 2021 公里,港口货物吞吐量突破 5 亿吨,新增电力装机容量 600 万千瓦。首钢搬迁、曹妃甸及港区配套建设等工程已基本完成。目前正在完善石家庄机场和山海关机场设施,建设邯郸、承德、张家口、秦皇岛等支线机场,基本形成以石家庄为中心的干支结合的航空网络。河北省与京津之间已形成了基本完备的交通路网。第三,加工制造业优势。河北省工业结构经过改革开放几十年的发展,已初步形成门类齐全、具有一定基础的工业体系,成为河北省加快经济发展的主动力。一是基础产业、基础设施迅速发展,支撑作用明显增强,"瓶颈"制约基本缓解,投资环境大大改善;二是通过实施"两环开放带动战略",外向型经济发展进一步加快,为全省经济发展注入活力;三是经济总量不断扩大,位居全国第五位,已具备向经济强省迈进的基础。钢铁、装备制造、石油化工等七大主导产业对规模以上工业增长贡献率达 85%,发展后劲和支撑作用增强。第四,区位优势。河北省具有独特的地理区位优势,是唯一环绕北京、天津两市和东临渤海湾的特殊省份。河北环抱北京、天津两个直辖市,围合着两座历史名城,既有首都北京的政治、经济、文化分量,又增添了港口都市天津的资源储备,东临渤海,西依太行与山西交界,南连鲁豫两省,北部与蒙古高原接壤。河北境内那雄浑起伏的万里长城、肥沃广袤的华北平原、碧波荡漾的富饶渤海沿岸、纵横交错的公路铁路网络,不仅架通了全国与北京、天津的交通运输渠道,而且使河北成为首都北京向外扩展的广阔战略市场。

4.2　劣势分析

4.2.1　京津冀三地原有产业结构的相似性制约了地区比较优势的形成

尽管京津冀各城市在经济发展中有较强的互补性,但由于长期处于计划经济体制,各地区对经济增长尤其是对产业发展有很强的内在动力,过分追求与保护地方利益,追寻自成体系的产业结构,使京津冀地区一直没有建立起有效的产业分工与合作机制,地区间产业关联比较弱,产业融合程度低,未形成功能互补和各具优势的产业结构。特别是过去京津冀两市产业结构雷同,造成资源分散利用,产业间恶性竞争,产业无法做大、做强,长期以来严重制约了京津两地的产业结构升级。

4.2.2　缺乏良好的协作基础和协调机制

由于北京、天津均为直辖市,过去两市场就谁是经济发展"龙头"相争而束缚了京津冀经济合作的步伐,尽管近几年各方的交流频次和力度都有明显改善,但还是处于多探讨、造舆论、重形式的阶段,关系到切身利益的实质性内容方面进展较慢,全面稳定的合作机制与长效规范的协调机制尚未形成。同时,影响产业合作的民间力量还十分薄弱,京津冀地区产业协会、民间商会、民间资本、民间咨询机构等微观力量发展缓慢,缺乏相应的机构指导,不能在产业合作中发挥主要作用。

由于自身市场机制发育程度不高,京津冀在产业协作中,很难依靠市场机制实现区域要素自由流动和资源充分共享,区域产业分工合作也难以实现。故在市场机制作用有限的约束下,区域经济协调仍有赖于政府的协调。然而,京津冀经济圈内三个平行的省级行政单位的存在,造成区域性协调机构和协调机制均不完善。健全的政策实施组织载体是区域协调机制发挥作用的前提,有效的组织是制度发挥作用的关键。京津冀区域协调机制不完善,一方面体现为协调机构不健全。当前,京津冀经济圈缺少一个超省级的行政组织,京津冀之间仍是各自为政。由于京津冀三地只注重自身经济效益最大化,不重视发挥区域整体效益,导致区域资源的优化配置难以实现,也影响到区域生态平衡、污染治理,以及区域共享性基础设施的建设与维护。由于区域内同级政府之间的协调机制作用的有限性,中央政府的协调成为京津冀都市圈实现科学有效管治的必要条件。由于区域经济发展不平衡,京津冀三地之间尤其是河北与京津之间,存在较大经济落差,使三地间很难形成一个平等参与的经济协调组织。

另一方面,体现为协调机制的缺乏。有效协调机制的实现一方面须加强专门性协调机构的建设与管理,另一方面还须进行一系列科学合理的制度设计。由于京津冀三地政府在各自经济发展中较强的主导性作用,区域产业选择和产业结构深受影响。三地政府基于各自经济效益最大化的角度,过度追求行政区内的经济绩效,从而在城镇布局、城市规模、产业分工、基础设施建设等方面缺少有效的协调。受此影响,京津冀之间存在不同程度的重复建设和恶性竞争等问题,阻碍了区域产业协调发展。

4.2.3　首位城市聚集效应不明显

根据区域经济增长相关理论,城市圈辐射力的形成主要来源于首位城市的集聚力和扩散力。集聚力来源于集聚经济效益,即区域经济要素向某一特定地区集中而产生的效益,包括两方面:内部集聚经济和外部集聚经济。扩散力,即核心城市通过交通网络、商品网络、技术网络、资金网络、人才网络、旅游网络、文化网络、信息网络等向周围城市传递要素,带动周围城市的发展。因此做强首位城市是城市圈经济发展的关键,否则就会形成有"圈"无"心"的城市圈。北京作为京津冀地区的首位城市,在聚集与扩散功能的发挥方面与纽约、上海相比还存在着较大差距。2003 年北京的 GDP 占全国 GDP 的 3.1%,天津为 2.0%,京津之和尚不及上海,而纽约、东京、伦敦、汉城的 GDP,分别占全国的 24%、26%、22% 和 26%。根据增长级理论分析,京津的极化效应远远大于扩散效应,使其不断将资本、市场、人才吸引到增长级点上,而京津的经济发展,尚未达到经济成熟期,体现在其经济总量和两种效应的强弱对比。由于首位城市的带动作用不明显,明显滞后了整个区域的经济发展,从而令区域经济一体化的进程减缓。

4.2.4　京津冀地区经济差异较大

北京计划在 2008 年率先实现现代化,然而环绕其周边的却是河北省大片的贫困地区和大量的贫困人口,有的学者称之为孤岛型现代化。按经济学的解释,经济腹地与经济中心是一个相对应的概念,其内涵是经济中心的吸收和辐射能力能够达到并能促进其经济发展的地域范围,如果没有经济腹地,经济中心也就失去了赖以生存的物质基础,没有经济腹地,也就根本谈不上经济中心和中心城市现代化。与长江三角洲和珠江三角洲相比,京津周边地区发展相对落后,二元经济特征十分明显,制约着京津整体优势的发挥和区域规模经济效益的发挥。北京 2003 年的人均国内生产总值约为河北省的 3 倍,分别是紧邻北京的张家口、承德地区的 4 倍和 5 倍,城市的周边是大面积的落后和贫困,地区经济发展十分不平衡、落差很大。而长江三角洲和珠江三角洲的成功在于上海、广州等中心城市的功能外溢带动了区域周边的发展,产业链条有了循环的特征和紧密的衔接性,经济发展的组合性能、互补性能得到较好的发挥和利用。由于较大的地区经济差异,使得京津冀整体区域内难以形成有效的产业合作,制约着区域经济的发展和整合。

4.2.5 京津冀市场发育尚不完备,区域统一市场尚未形成

区域经济一体化,根本上是市场的一体化,是各种资源,如人力、资本、技术等要素在市场内部自由流动,合理配置的结果,没有市场的一体化,试图仅仅依靠政府的力量,以规划的方式,来完成区域间生产力的合理布局和分工,在首都经济贸易大学硕士学位论文《京津冀经济一体化:现状与发展》可以发现实现区域经济一体化是不现实的,也是不可能的。在市场经济条件下,经济区只应是市场催生的结果,而不是仅靠规划规划出来的。根据樊纲、王小鲁的《中国市场化指数》可以发现,京津冀 2014 年在全国 30 个省市自治区的排名分别为第 16、第 5 和第 21 位,远远低于长三角和珠三角区域。

从整体来看,2008 年京津冀地区外贸依存度为 80.39%,比全国平均水平 57.97%高出 22.42 个百分点;从局部来看,京、津、冀外贸依存度分别为 176.15%、86.04%和 16.14%,这说明京津开放程度较高,而河北经济开放程度过低,甚至低于全国平均水平。

与东部沿海其他地区相比,北京外贸依存度要高于上海的 159.87%。但是作为区域整体来看,长三角与珠三角的对外依存度均高于京津冀(长三角为96.08%、珠三角为 130.48%);而且长三角内部三省市对外依存度较为均衡,都是相对开放的经济体,区域之间在对外引资和产业协作方面联系紧密,存在较好的互补优势。而京津冀内部,三省市之间的外贸依存度相差过大,尤其是河北,16.14%的对外依存度水平表明其仍然是一个较为封闭的经济体,这一情形不利于京津冀之间在对外引资及产业协作方面展开合作。

2008 年,京津冀进出口总额占全国的比重为 15.24%,远低于长三角的

36.10％和珠三角的 26.72％；外商直接投资额占全国的比重为 9.72％，亦低于长三角的 37.36％和珠三角的 16.03％。这说明在三大都市圈中，京津冀都市圈的对外合作水平相对较低，这虽然有利于规避全球性金融危机冲击，但从长远来看不利于区域进入全球产业价值链，也不利于区域产业结构的优化升级。此外，京津冀都市圈尚未形成合理的区域分工，也未形成完整的区域产业链。目前，长三角与珠三角均已形成几大具有明显竞争优势的区域产业链，如长三角的集成电路产业链（上海以集成电路芯片、电路印刷板为上游，苏州、无锡、昆山和杭州以笔记本电脑、移动通讯为中下游，并生产 PC 零部件、电脑外设等配套相关产业），珠三角的电子信息产品制造业产业链（以广州和深圳为电子信息产业研发中心，东莞、中山、珠海、惠州、顺德等为电子产品生产加工基地）。而在京津冀都市圈内部，通信设备、计算机及其他电子设备制造业虽均是京津的一级主导专业化部门，但却处于直接的竞争状态，未形成产业错位分工与协作；黑色金属冶炼及压延加工业也均是津冀的地区主导专业化部门，但也处于对立和竞争状态。

4.2.6　城市之间缺乏协调分工

北京、天津以及河北省均各自为战，城市发展目标相似，在产业政策上追求大而全，均强调"一个都不能少"，导致产业结构自成体系、自我封闭和结构趋同继续加重，相互之间争资源、争项目、争投资等过度竞争和封闭竞争严重，许多重复建设不仅带来了大量的经济损失和浪费，造成整个区域的资源无效配置和经济发展水平相对落后。在河北省 19 万平方公里的地域空间内，存在着两个特大型城市，在经济同构，互补性和内生衔接性不足，缺乏反哺通道的条件下，地域的紧密相连，恰恰形成了一种直接性的地理通道，加快了资源过度集聚的过程。近年来，河北高素质人才和各种要素资源加速向京津，北京集聚就是这一特征的集中反映。

京津冀的深层次产业合作水平不高，而且主导产业多是高能耗行业，工业产业附加值也较低。对于第一产业，京津与河北之间的合作主要围绕京津城市居民的"菜篮子"和"米袋子"，合作水平较低，缺乏在现代农业和科技农业方面的深层次合作。对于第三产业，京津的第三产业多服务于本地，对河北的辐射带动作用极为有限，更谈不上其生产性服务业对河北的转移和扩散；同时，这也使河北与京津在第三产业领域的梯度差进一步扩大，增加了产业转移与协作的难度。对于第二产业，北京的传统产业多已转移出去,而天津正处于快速发展阶段,但天津过于追求自身经济发展,延缓传统产业向河北的转移步伐,致使京津对河北产业辐射作用极为有限。在津冀产业结构中,占工业总产值50%以上的主导产业中,黑色金属冶炼及压延加工业,化学原料及化学制品制造业,石油加工、炼焦及核燃料加工业,石油和天然气开采业,电力、热力的生产和供应业多属于资源密集型和劳动密集型产业,技术含量不高,从侧面反映出京津冀地区的高新技术产业有待进一步发展。

4.2.7　城市规划不合理

作为中心城市的北京,由于不合理城镇布局体系,引发了中心城市交通拥塞、环境恶化、住房紧张、贫民阶层出现等一系列"城市病"。突出表现为在整个区域的城际竞争中处于绝对优势地位的北京市,没有给予其他城市发展的空间和机会,加剧了整个区域发展的不平衡。截至2017年,在京津周围众多的城市之中,只有唐山一个城市人口超过100万,人均国内生产总值超过万元,可以称得上是次级中心城市,而其他城镇均规模过小,难以形成辐射能力和发挥次级中心城市的作用。

在京津冀都市圈内,核心城市过大过强,中等城市偏少,小城市数量偏多。截至2017年,除核心城市北京和天津之外,仅有唐山和石家庄人口超过200万,保定也仅仅100万左右的人口规模,其他地级市的人口规模均低于100万。此外,即便是具有相当规模的唐山和石家庄,两城市人口之和(556.6万)也尚不及天津一个城市的人口(793.9万)。一方面,都市圈城市体系发育不完善,小城市偏多,而中等城市偏少,使得区域产业转移与协作容易产生脱节,不利于区域产业链的构建。

4.2.8　京津冀地区要素市场发育相对滞后,区域合作的市场机制尚不完备

由于受行政区划和其他种种因素的影响,京津冀经济圈内各地区、各部门生产要素的自由流动存在很大限制,特别是一些短缺要素的流动,如资金、人才、技术流动更是受到多种人为的限制。这在很大程度上阻碍了区域内生产要素市场的一体化进程,不利于区域经济的协调发展,使区域内合理分工和优化产业布局的巨大潜力无法得到有效发挥。实现区域产业分工与布局优化以及经济一体化的基本推动力是政府和市场,而企业在生产过程中所结成的密切分工协作关系是市场推动力的主要来源,它有助于提高区域内部经济经济合作水平。民营经济与跨国公司依照比较优势原则进行产业布局,这有助于实现资源优化配置和产业合理分工与布

局,故民营经济发达与外资聚集的长三角和珠三角地区,得以克服种种壁垒,形成了科学合理的区域产业分工与布局。然而,由于国有企业比重较高,京津冀与东北和西部地区一起成为国有经济最难改革的三个地区之一。在国有经济产业链重组、结构调整以及布局调整过程中,存在诸多困难:一是企业规模大,使得国企改革时间较长,同时也增大了调整难度;二是国有企业往往与地方关系紧密,易导致地方保护主义;三是制度刚性使得国企改革缺乏足够的市场利益驱动。

4.2.9　京津冀都市圈自然生态条件总体较差

京津冀都市圈自然生态条件总体较差,水资源相对缺乏,生态环境比较脆弱。明朝以来的大规模毁林建城等使得该地区生态环境十分脆弱,人口过密、草畜失衡和林粮争夺矛盾突出,成为极易遭受人为破坏且难以得到恢复的地区,由此在北京和天津周围形成了环京津贫困带。环京津贫困带地处京津冀众多城市的上风上水位置,是京津冀平原地区的生态屏障、城市供水水源地、风沙源重点治理区。由于这一地区自然生态条件长期得不到改善,导致京津冀区域生态环境持续恶化、城市供水紧张和大气环境质量较差。目前,这一地区的生态环境质量仍在下降。

4.3　京津冀协同发展带来的机遇

京津冀区域协同发展给各地区可能带来的机遇。

(1)区域协调发展战略顶层设计带来的机遇

20世纪90年代,国家提出了环渤海经济圈建设的构想,并将其作为整体战略给予确定。紧邻环渤海经济圈的东北,二十多年来经济一枝独秀,成为全球经济增长速度最快、最富生机和活力的区域。环渤海经济圈是中国腹地走向东北亚走向世界的一个窗口,而京津冀作为环渤海经济圈的核心地区,拥有雄厚的经济发展基础、较高的经济发展水平和巨大的发展潜力。

"十一五"规划中把长江三角洲地区和京津冀地区列为中央级的两大区域规划试点并在全国率先启动,昭示了中国区域经济崛起正在发生质的变化,城市化、工业化正在从小版块聚集向大区域板块聚集转变。滨海新区的开发和开放被确定为国家发展战略,将天津打造成为北方经济中心等一系列国家级的统一部署和规划为环渤海各城市的未来发展指明了方向,有效地协调了地区间的分工合作,为京津冀一体化加速发展创造了广阔的平台。

改革开放以来,在邓小平同志东西部"两个大局"区域发展战略思想的指导下,逐步形成"抓两头、促中间"的区域发展政策思路。改革开放初,邓小平同志倡导形成了东部沿海发展战略(主要是珠江三角洲的深圳经济特区)和"八七"扶贫战略并举的"抓两头"举措;江泽民、李鹏时代提出和实施了浦东新区和西部大开发"抓两头"战略;胡锦涛、温家宝时代提出和实施了天津滨海新区和"老少边穷"地区"抓两头"战略。

事实上,"抓两头、促中间"的区域发展政策是具有普遍意义的,西方发达国家走的也是这条路。目前,我国仍处在这条路上。因此,新时代仍需走这条路,其主要内容已逐步显现,即以京津冀为突破口的东部三大城镇群核心区协同发展,以内地沿边地区和新丝绸之路经济带的协调发展,构成新的"抓两头"举措。

(2)综合区域经济合作层次带来的机遇

大家知道,省市县是我国区域经济的主体。在市场经济条件下,在这些主体区域层次之内或之间会自发产生不同层次的区域经济分工合作关系,这些区域经济合作关系大体可分四个层次:一是东中西三大地带(或东中西和东北四大板块)区域合作层次;二是省域之间的综合区域经济合作区层次;三是城市群区域合作层次(地级市之间合作);四是城市圈区域合作层次(县域之间的合作)。其中,城市群和城市圈等低层次的区域合作较为普遍和成功,而省域之间高层次的综合性区域经济合作成功的事例尚不多,也缺乏成功的经验。

京津冀区域合作属于高层次的综合性区域合作,是在我国三大地带划分的基础上,在各地带内部进一步以省区为单位划分的一个高级别的区域协调或协同发展区域单元。这一层次区域合作单元的主要目的在于,就跨省区的各种大型基础设施项目(如铁路、公路和生态保护等)开展区域共建和合作,以促进区域经济在更大规模上的一体化,提升整个合作区范围内整体经济的竞争实力。事实上,到目前为止,我国区域合作的层次主要是在市县两级开展并取得一定的成效,而省区一级开展的区域合作还不多见,也缺乏成功的事例。国家将第一个国家级跨省区综合性区域合作项目选择在京津冀地区(在一定程度上还应该包括山东),这无疑将给该区域协同发展带来前所未有的新机会。

(3)首都非核心功能调整的机遇

众所周知,京津冀区域协同发展的最大机遇在于北京下决心调整非首都核心功能,控制人口和中心城区范围。天津和河北将利用其近邻首都的独特区位,承接首都转移出来的多项功能,赢得又一个难得机会。当然,在利用近邻首都的独特区位中,天津和河北应当有所分工,要按照发展阶段和接纳能力,实现错位承接转移产业,优化布局,良性互动;并且,天津还有责任为解决京津周边贫困带做出应有的贡献。

京津一直是发达的大型工业城市,而周围的石家庄、唐山、保定、廊坊等都是中小型城市,京津冀四区间的产业梯度较大。产业结构的合理调整和不断优化,是国家、地区经济按比例协调发展、社会资源恰当配置和高效利用的重要手段,也是经济社会整体素质不断提高和逐步现代化的时代标志。当前国家将优化国内产业结构作为经济发展的重点,京津冀应把握好地区和自身产业结构升级的历史机遇期,科学地确定北京、天津的城市功能定位,将不适宜自身发展的产业项目迁往周边河北城市,既调整了京津两城市大而全的不合理产业体系,又实现了河北省内相关城市的产业升级。

(4)区域联防治理"雾霾"带来的机遇

努力将"雾霾"这件坏事转变成促进北方地区产业结构布局调整、转变发展方式的好事。京津冀要充分利用这一轮因"雾霾"引起、习总书记亲自倡导、范围扩大、深度提高、力度前所未有的第三次京津冀协同发展的大好势头和北京大力调整非首都核心功能的机会,大力协同转变区域发展和合作方式,协同进行产业结构调整,协同开展产业布局优化行动,协同建立区域联防治理"雾霾"体制机制,为先行改善生态环境,实现可持续发展,打造我国区域经济发展第三极创造更好的条件。

4.4　京津冀协同发展面临的挑战

4.4.1　竞争分析

东北作为老工业基地,有足够的技术储备、知识储备和人才储备,这几方面的优势极为深厚,也极为独特。因此,我国北方未来的工业重镇将是东北地区,随着振兴东北的一系列政策措施的推进及改革开放的深化,东北地区经济重新起飞、东北地区重新崛起,成为中国经济第四个增长极指日可待。作为应对措施,京津冀地区可以考虑适当减轻发展成为工业基地的压力,着力于构筑高层次的产业结构。

国内区域经济体的竞争日趋激烈,目前我国已经形成了以上海为中心的长江三角洲经济区,以广州、深圳为中心的珠江三角洲经济区,与这两者相比,正在建设中的京津冀经济区起步较晚,发展较慢,竞争力较弱。当前国际产业转移带来了国内产业承接的巨大机遇,跨国公司的投资开始从孤立松散的低成本区位转向产业协作优良、整体系统成本更低的产业聚集区位,在同等条件下竞争,京津冀地区与长三角、珠三角地区相比处于劣势。为此京津冀地区要尽快解放思想、打开思路、与时俱进,充分把握当前的有利时机,迎头赶上甚至超过长三角、珠三角。

4.4.2 京津冀协同发展面临的问题

(1)主导产业同构同质

比较分析京津冀前五大制造业、服务业投资前 3 位产业,发现京津冀三地制造业和服务业呈现出严重的同构同质倾向:京津之间有三大制造业重合(汽车制造业;计算机、通信和其他电子设备制造业;石油加工、炼焦和核燃料加工业),京冀之间有两大制造业重合(汽车制造业;石油加工、炼焦和核燃料加工业),津冀之间有四大制造业重合(黑色金属冶炼和压延加工业;石油加工、炼焦和核燃料加工业;汽车制造业;化学原料和化学制品业);而三地服务业投资前三位均是房地产、交通运输、仓储和邮政业、水利、环境和公共设施管理业。

(2)优势产业布局分散

京津冀内部经济和产业过于集中于京津两地,河北经济相对落后,产业虽然总量大,但以各地级市为节点,表现出分散布局的特征。从产业层次分析,高新技术产业、战略性新兴产业集中于京津两地,河北地区仅有少数零星分布,缺少优势产业集群。钢铁产业是京津冀地区的优势产业,在京津冀几乎所有地区都有钢铁企业布局,大型国有企业就有首钢、天钢、唐钢、邯钢、宣钢、承钢、石钢、邢钢等多个。

(3)产业辐射带动不足

首先,作为权力中心的北京具有的发展特权和高度集中的资源配置权,从而对周边产生了强烈的"空吸现象",河北省大量的资源和人才源源不断地流向北京。周边为北京作出牺牲被认为是天经地义的事情。首都周边出现了世界上罕见的城乡"二元结构"的现象,河北的燕郊作为一个睡城就是最好的例证。

其次,天津作为老工业城市,具有 100 多年海港城市发展的历史,沿海优势明显，这最终使天津不必过分依附于北京，不必依附于所谓的京津冀一体化。改革开放以后滨海新区的快速发展印证了这一点，虽然和北京毗邻较近的武清、宝坻、蓟县等在大力吸收北京产业转移的企业，但从历年的招商来源中可以看出本地的产业转移占据大部分。

最后，比较尴尬的是河北，作为全国重要的粮食主产区，计划经济时代就建成了与京津产业结构雷同的包括钢铁、建材、机械、化工、医药、纺织服装、轻工、食品等八大行业的老工业基地，又是国家重要的能源、原材料生产基地，劳动力大省。但在这些自身资源的配置中大部分输入北京，成为了实际意义上的北京附属省份，本身的资源优势没有充分发挥出来，在产业结构上和京津雷同，功能侧重服务首都，而且围绕北京的一些县市没有产业支撑，可以说是贫困地带，仅有的秦皇岛、曹妃甸和黄骅三大海港功能也不是很完善，沿海大省的作用发挥不了。

由于行政体制机制不畅，三地间在基础设施建设、生态环境保护、产业发展、创新合作等多个方面相对独立，缺少相关产业合作机制与平台。北京、天津处在极化效应向辐射扩散的转换阶段，对周边的辐射和扩散能力有限，带动作用比较小，周边的城市、农村发展不是很快。

这些就是现实的京津冀产业布局状况，如何打破惯性思维，利用自身优势打造区域特色产业，形成产业聚集效应，带动整个京津冀产业结构的协同发展应是重中之重，尤其是河北的产业结构调整和发展，需要由中央统一协调，成立协作机制并具体牵头。

（4）落后区域被动的研发、制造和地方保护加剧了恶性竞争

为了减少与北京的差距，河北自己发展高科技产业，自主研发、自己制造，很有可能在研发力量上造成和北京水平重复建设，当产业制造技术成熟时，结果却在研发上形成与北京的竞争，产业对接还是无法实现。为了保护已开发的力量，地方壁垒可能相继出现，条块分割变成保护手段，区域内的经济合作被竞争取代，条块分割进一步造成发展差距。

（5）对已有重复建设整合的矛盾促使域内竞争加剧

为避免区域内的重复建设和恶性竞争，各地积极商讨区域经济一体化规划。在规划当中，必然涉及各方的产业分工问题，涉及重复建设的部分如何整合的问题。在三方都希望联合，都有相同产业的情况下，都希望自己的投资能实现最大效

益,为此争论不休。联合协作会议经常召开,重复建设的项目不停上马,恶性竞争不断加剧。

(6)落后地区承接产业转移吸引力差与吸纳产业的落后状态循环

新北京功能定位以后,天津和河北都面临着承接北京产业转移的机会,有实力、技术好的企业大多更看重市场和发展机会,对核心城市周边落后地区的招商引资政策积极性不高,转移出来的可能性不大,实力较弱、技术落后、高污染、高消耗企业转移出来的积极性却很高。

京津冀区域经济一体化的实现需要建立在基础条件一体化的基础上,这样才能提高区域经济一体化的效率,加快区域经济一体化进程。但基础条件一体化的进程本身就是非常复杂的,需要各级政府不断的磨合与协作。在京津冀政府各自为政的情况下,基础条件一体化的实现将面临很大的压力。如,在京津冀区域物流一体化、金融一体化等方面困难重重。京津冀无论在物流发展水平、物流一体化程度以及物流专业化程度等方面都远远落后于长三角和珠三角地区,而且不容回避的是京津冀存在行政区划观念过强、物流规划建设协调和衔接不足、物流运营管理协调不足、物流合作政策还相对滞后、分灶吃饭等问题。

除此之外,受经济发展水平和思想观念的影响,"分灶吃饭"的财税体制局限和产业互补性较差等因素,都是京津冀区域物流合作面临的许多新的挑战。金融体系的一体化将为区域经济一体化提供非常便利的投资、融资环境,但是在京津冀金融体系已替换过程中,地方政府、金融管理当局对区域金融合作的研究不足,对金融体系一体化缺乏政策指引,而且金融机构的合作还存在一定的盲目性。此外,在政策体制不完备的情况下,金融机构跨区域、跨行业经营的趋势,将使风险的传播和扩散更加容易。京津冀一体化问题自2004年"廊坊共识"提出以来,一体化的效率非常低,大部分成果多出现在规划上,但这些规划的可行性还缺乏明确的论证。即使"十二五"规划纲要对区域经济一体化问题的提出可能将京津冀一体化的发展带入一个新的实质阶段,但京津冀一体化实施过程所需要的一些基础条件短期内仍然很难快速实现。由此可见,京津冀区域经济一体化需要多方共同努力配合,才有可能逐步实现。

(7)京津冀文化差异是导致产业对接和协同发展不畅的潜在因素

虽然三地的文化差异在短期内不能消除,但在教育以及科技、培训资源利用上，在人力资源开发与利用上是可以先行一步的。而且产业结构的调整必然也伴随着专业人员就业及培训的地域转移调整，没有配套的人力资源，产业转移和调整就无法实现。

　　总的来说存在的问题：一是各自为政现象严重，缺乏统筹部门，这是京津冀三地难以一体化发展的根本原因。二是区域一体化效率低，缺乏基础条件建设和物流体系，远远落后于长三角、珠三角。第三，地区经济发展水平差异明显，导致产业对接难度大，基本没有形成配套的产业链。四是，功能定位不清，产业重叠现象严重。特别是京津两地产业结构自成体系，重复投资、重复建设现象严重。第五，生态环境形势严峻。如何确保企业在发展中节能减排，安全生产，防止生态环境进一步恶化，对一体化发展提出更高要求。这五个方面问题是客观存在的，应该有针对性地很好解决，不能光纸上用兵。

　　三地市场壁垒仍然存在，根据国家统计局北京调查总队发布的数据，2014 年京津冀三地 GDP 总量达到 66474.5 亿元，占全国的 10.4%。但报告指出，三地经济发展不平衡，仍处于人口红利期。比较典型的表现是，北京、天津人口高度聚集，人口密度分别为 1311.1 人/平方公里和 1289.8 人/平方公里，均为河北省 393.4 人/平方公里的 3 倍以上，是全国平均水平 142.1 人/平方公里的 9 倍以上。而三地协同发展表面上是资本、产业和人口的方向流动，体制机制改革是有序疏解北京非首都功能、推动京津冀协同发展的制度保障。当前，京津冀统一要素市场发展相对滞后，市场壁垒仍然存在，协同发展还存在诸多体制机制障碍。必须消除隐形壁垒、破解制约协同发展的深层次矛盾和问题，把国家层面的重大举措与京津冀地区实际情况结合起来，创造性地提出推动区域协同发展的改革措施。

4.5　京津冀协同发展取得的成就

　　自 2015 年京津冀协同发展战略实施以来，京津冀地区在交通一体化、产业转型升级、经济发展等方面都取得了较为显著的成就。

　　(1) 经济运行平稳增加，居民收入大幅提高

　　根据表 4-1、4-2 可知，京津冀协同发展自 2015 年开始全面实施，到 2016 年年底京津冀地区经济稳步增加，大大提高了人民的收入水平和实际可支配收入程度，当中城镇居民可支配收入增速分别高于全国水平 1.3%、1.0% 和 0.8%。农民可

支配收入增速高于全国水平0.8%、0.2%和0.1%。首次实现了津冀两地农民可支配收入高于全国平均水准的跨越。同时京津冀地区的城乡发展差距也出现了缩小的趋势,北京、天津、河北分别缩小0.04%、0.05%,如表4-1,4-2所示。

表4-1　2013—2016年京津冀居民收入比情况(%)

类型	地区	2013	2014	2015	2016
城镇居民	京津	1.54	1.54	1.55	1.54
	京冀	2.00	2.01	2.02	2.03
	津冀	1.30	1.31	1.30	1.31
农村居民	京津	1.11	1.11	1.11	1.11
	京冀	1.86	1.85	1.86	1.87
	津冀	1.67	1.67	1.67	1.68

注:来源于《2016年河北省国民经济和社会发展统计公报》。

表4-2　2013—2016年京津冀省市内城乡居民收入差距情况(%)

地区	2013	2014	2015	2016
北京	2.61	2.57	2.57	2.57
天津	1.89	1.85	1.85	1.85
河北	2.42	2.37	2.37	2.37

注:来源于《2016年河北省国民经济和社会发展统计公报》。

总体来看,经济实力不断增强,发展水平稳步提升。2016年,京津冀三地地区生产总值合计74613亿元,是2012年的1.3倍(按现价计算),经济规模占全国的10%左右。其中,北京地区生产总值达到24899亿元,与2012年相比,按可比价格计算,年均增长7.1%;天津为17885亿元,年均增长10.2%;河北为31828亿元,年均增长7.1%。

从地区财力看,2016年,京津冀三地一般公共预算收入达到10656亿元,比2012年增加3496亿元,占全国的比重为12.2%,比2012年提高0.5个百分点。其中,北京一般公共预算收入突破5000亿元,达到5081亿元,是2012年的1.5倍。津冀两地一般公共预算收入均超过2000亿元,分别为2724亿元和2851亿元,分别是2012年的1.5倍和1.4倍。

从发展水平看,2016 年,北京、天津的人均地区生产总值分别为 11.8 万元和 11.5 万元,按可比价格计算,分别比 2012 年增长 24％和 31.3％。2013—2016 年,北京、天津的人均地区生产总值年均增速分别为 5.5％和 7.0％;河北人均地区生产总值为 4.3 万元,比 2012 年增长 28.2％,2013—2016 年年均增长 6.4％。

从城镇化水平看,2016 年,京津冀城镇化率为 63.9％,比 2012 年提高 5 个百分点。其中,河北城镇化率在 2015 年突破 50％后进一步提高到 53.3％,比 2012 年高 6.5 个百分点,提升幅度最大;北京和天津均在 80％以上,分别为 86.5％和 82.9％,比 2012 年分别提高 0.3 和 1.4 个百分点。

功能定位日趋强化,错位发展成效显现。三地紧紧围绕党中央国务院确定的建设方向和发展目标,加快发展符合功能定位的相关产业。北京稳步推进文化中心和科技创新中心建设。2016 年,全市文化创意产业实现增加值 3570.5 亿元,占地区生产总值的比重为 14.3％,比 2012 年提高 2 个百分点。R&D 经费支出相当于地区生产总值的比例始终保持在 6％左右,高于全国平均水平近 4 个百分点;2016 年全市专利授权量达到 10.1 万件,其中发明专利授权 4 万余件,与 2012 年相比,实现成倍增长。天津先进制造业和金融业发展较快。2016 年装备制造业增加值占规模以上工业的比重为 36.1％,比 2012 年提高 7 个百分点。金融业实现增加值 1735.3 亿元,占地区生产总值的 9.7％,比 2012 年提高 1.9 个百分点。河北努力构建全国现代商贸物流重要基地,2016 年物流业实现增加值 2636 亿元,占全省地区生产总值的 8.3％;其中,快递业务量持续高速增长,2016 年完成 9 亿件,是 2012 年的 7.2 倍。

(2)产业格局初步构成,转型升级速度加快

2016 年京津冀三次产业结构为 4.8∶37.1∶58.1,较上一年在第二产业有所下降,而第三产业则相应有所上升。从总体上看,京津冀地区的产业结构优化效果明显。京津冀产业结构的优化不仅仅体现在产业结构的比例更加体现在产业内部结构的不断优化。主要表现为:

北京市更加注重高端工业制品的投入和发展,2016 年北京市对高技术制造业的投入比例上升了 56％,其工业产值也有较高增长;另外科技服务业、金融业、信息技术业等比较优势行业增长显著,对北京市经济增长的贡献值超过 50％。由此可见北京市的产业发展无论是从三次产业结构还是产业内部结构来看都有了显著

的升级优化效果。北京作为首都,人口与资源环境的矛盾相当突出,仅北京的城六区,就以全市8%的面积集聚了全市近60%的常住人口,集聚了全市近72%的就业人口,足以见得密集程度之高,因此京津冀协同发展就必须加快疏解非首都功能,实现人随功能走,人随产业走。北京新发地农产品批发市场随着发展,集聚了一些非首都功能的部分产业链,人多、车多、占地多,为了响应京津冀的协调发展,他们将产业链的部分功能疏解到了河北新发地。北京新发地把产业链中的加工类的和储存类的产品疏解到河北新发地的同时,他们在保证北京市稳定供应的基础上,通过市场整合和竞争,留下一些功能定位精准的经营商户。河北新发地自2015年10月29日运营后,迎接了很多北京新发地的商户进驻。

北京市综合运用环保、发改、质检、安监等部门的行政执法手段,对环保不达标、违法违规建设、无生产许可证的污染企业依法依规推动关停退出;充分发挥经济手段的作用,通过制定更严格的大气污染物排放标准,实施差别化水电气价等手段,倒逼污染企业关停退出。2015年计划关停退出污染企业300家以上。2017年7月10日,北京市推进京津冀协同发展领导小组召开第一次会议,确立三大任务,一是积极支持雄安新区建设,二是积极推进新机场临空经济区规划建设,三是深入推进曹妃甸协同发展示范区建设。雄安新区是北京新两翼的重要一翼,是疏解北京非首都功能与人口的主要承载地。要把支持雄安新区作为协同发展的重中之重来抓,加强优质教育医疗等公共服务资源支持,促进雄安新区提升城市综合承载能力,形成吸引力;设立雄安新区中关村科技园,引导科技创新资源向那里集聚;加强与雄安的交通基础设施建设,实现两地直联直通;加强干部人才交流合作。"一核两翼"的功能定位,符合京津冀协同发展的大方向和北京非首都功能疏解的要求。其中,"一核"强调了北京作为核心城市,在区域发展中的辐射带动作用,"两翼"通州城市副中心和雄安新区则需要承载非首都核心功能。其中,北京市的行政资源和城市管理功能逐渐向通州城市副中心转移。而雄安新区作为定位科技创新和体制机制创新的引领示范区,集中承载相应的非首都功能,进一步优化了京津冀的结构体系,为未来京津冀的协同发展起到了非常大的节点作用。

天津市作为全国先进制造研发基地和北方国际航运核心区,在京津冀协同发展中担负着重要的任务,2016年作为改革深化,创新发展的关键一年,天津市大力推进先进制造业、新兴产业的增长,主动寻求与服务业的合作和共建。协同发展取得新突破。深入贯彻落实重大国家战略,围绕中央对天津功能定位,出台了加快建设"一基地三区"的实施意见。积极主动承接非首都功能,与北京市签署建设滨海—中关村科技园合作协议,与河北省签署"1＋4"合作协议,启动实施对口帮扶承德市工作,密切与京冀深度对接合作。2016 年引进京冀投资项目 2701 个,投资额达到 1994.09 亿元,占全市实际利用内资的 44.0％。

天津市重点领域加速推进。设立 100 亿元京津冀产业结构调整引导基金,助推区域内产业优化升级,中船重工融资租赁、中国能建电力工程技术创新产业园等一批产业合作项目签约落地。京秦高速天津段建成通车,京唐铁路开工建设,一批"瓶颈路"顺利打通,天津港与唐山港组建津唐国际集装箱码头公司,京津冀首个海铁联运集装箱中心站开通运营。京津冀海关区域通关一体化改革继续深化,京津实现离境退税互联互通,天津口岸进出口总额中,来自北京与河北的货物比重达到32.5％。生态环保联防联控不断深化,统一执行区域重污染天气预警标准,PM2.5浓度连续三年下降。2016 年天津市的航空航天、新能源、生物制药等新兴产业获得了较大的增长,逐渐成长为天津市经济增长的主要增长点。通过主动与服务业的合作互动,天津市的服务业快速提升,持续占据三产中第一的位置,其中租赁服务、互联网相关服务和软件技术服务等已经表现出了对经济强劲的带动力。

河北省作为全国商贸物流基地、产业转型升级实验区、京津冀生态环境支撑区,在京津冀协同发展中起到了关键的支撑和推动效果。河北省加快"去产能""去杠杆""补短板"的步伐,通过自身产业结构的调整,做好京津冀产业对接的前期工作,做好对京津地区的支撑工作。2016 年河北省在装备制造业方面的成果增长已经首度超过钢铁行业,产业转型效果明显。另外,积极承接北京非首都功能疏解。抓好重点平台建设,进一步明确融入京津冀协同发展的功能定位和产业发展方向。与北京市先后开展三次专题对接会,共同研究制定促进京冀区域性批发市场疏解和承接的支持政策。加强京冀交界地区规划建设管理,推动北京周边房地产市场平稳健康发展。深化改革创新和试点示范。河北·京南国家科技成果转移转化试验区部省共建经科技部批复,并纳入"国家科技成果转移转化行动计划"总体布局。环首都现代农业科技示范带获国家立项支持并列入示范试点,示范带内国家农业科技园区达到 6 家。认定省级众创空间 30 家,启动了北大创业训练营河北创业培训中心等一批"双创"示范基地建设。出台了河北省关于落实《京津冀协同发展科技创新专项规划》的实施意见,京津冀技术交易河北中心揭牌成立,中国国际技术转移河北分中心加快建设。

还加大生态环境保护与建设力度。水污染防治及流域整治方面,滦河流域综合整治实施方案获国家有关部委批准,启动了滦河流域综合整治试点。推进滦河流域水环境生态补偿机制建设,与天津市共同拟定了引滦入津水环境补偿实施方案。白洋淀生态恢复环境治理工程有序实施,衡水湖生态恢复环境治理工程前期工作加紧推进,北戴河地区近岸海域环境综合整治及功能提升规划(2016-2018 年)印发实施。大气污染防治方面,印发了散煤、焦化行业、露天矿山、道路车辆污染整治专项行动方案,深入实施"减煤、压能、治企、降尘、控车、增绿"等综合整治措施,空气质量得到进一步改善。绿化造林方面,京津风沙源治理工程进入全面施工阶段,京津保生态过渡带完成造林 40.8 万亩。加强产业对接合作。北京亦庄·永清高新技术产业开发区签约项目 27 个,首批 7 个项目落地。

(3)功能疏解有序推进,对接协作进展顺利

有序疏解非首都功能是京津冀协同发展的关键环节和重中之重。北京出台了一系列政策措施,严格控制增量,有序疏解存量,天津、河北积极做好产业承接。

疏解转移稳步推进,人口调控效果显现。北京以调整疏解非首都功能为抓手,积极推进区域协同发展。在控制增量方面,2014 年和 2015 年先后制定、修订《新增产业的禁止和限制目录》,禁限行业类别占全部国民经济行业类别的比例由 32%提高到 55%。2014 年以来,全市累计不予办理工商登记业务 1.6 万件。在疏解存量方面,累计关停退出一般性制造业 1341 家;拆并疏解商品交易市场 228 家,共调整疏解建筑面积 257 万平方米。伴随着功能疏解的推进,北京人口调控取得明显成效,实现增量和增速双下降。2016 年末,全市常住人口 2172.9 万人,其中常住外来人口 807.5 万人。常住人口增量由 2012 年的 50.7 万人降至 2016 年的 2.4 万人,增速由 2012 年的 2.5%降至 2016 年的 0.1%。2016 年,城六区常住人口实现了由增到减的变化,常住人口为 1247.5 万人,比 2015 年末减少 35.3 万人,下降 2.8%。

承接协作步伐加快,产业对接进展顺利。三地依据《京津冀协同发展规划纲要》和《京津冀产业转移指南》加大相互投资力度,产业对接加快推进,集中力量构建"4+N"产业合作格局,推动区域内相关产业的升级转移。2016 年,北京企业对

津冀投资为 2039 亿元,比 2014 年增长 3.4 倍。截至 2016 年年底,中关村的企业到津冀建立分支机构 5849 家。2014 年以来,京冀企业在天津投资项目达到 4871个,累计到位资金 5229 亿元,占天津市引进内资的 42.9%。河北从京津引进项目4100 个,涉及资金 3825 亿元。

（4）结构调整取得成效,创新能力不断增强

京津冀三地根据各自区域特点、自身优势和功能定位,积极调结构、转方式。同时,在实施供给侧结构性改革、新旧动能转换过程中,科技研发投入力度不断加大,创新驱动能力持续增强。产业结构继续优化,优势产业加快发展。京津冀地区第三产业比重稳步提升,三次产业构成由 2012 年的 6.1∶43∶50.9 调整为 2016年的 5.2∶37.3∶57.5。在第三产业比重逐步提高的同时,三地积极发展各自优势产业,产业内部结构不断优化。北京产业高端化特征明显。服务业中,生产性服务业占地区生产总值的比重超过一半,金融、信息、科技等高端服务行业发挥重要支撑作用,2016 年三个行业增加值合计占全市地区生产总值的 36.3%,比 2012 年提高 6 个百分点,对经济增长的贡献率达到 48.4%。工业中,汽车、电子、医药等重点行业发挥支柱带动作用,三个行业增加值占规模以上工业的比重由 2012 年的接近 1/3 提高到超过 4 成。天津优势产业增加值占全市工业增加值的 91.0%,其中,航空航天、新材料、生物医药三个新兴产业增加值占工业增加值的 16.5%。新兴服务业增势良好,2016 年商务服务、信息服务行业增加值分别增长 14.5% 和27.9%,融资租赁业务总量占全国的 1/4,动漫产业公共技术服务平台达到世界领先水平。河北 2016 年装备制造业增加值占规模以上工业的比重为 26.0%,成为工业第一支柱行业;高新技术产业增加值占规模以上工业的比重为 18.4%,比2012 年提高 6.6 个百分点。新兴服务业发展较快,信息服务等六大新兴服务行业营业收入占规模以上服务业的比重达到 57.6%,比 2012 年提高 3.8 个百分点。

研发投入力度加大,科技创新成果丰硕。京津冀三地高度重视科技创新对经济发展的引领带动作用,积极加大科技研发投入力度。从全社会投入看,2016 年,三地研究与试验发展（R&D）经费支出合计超过 2400 亿元,占全国的比重超过15%;R&D 经费支出相当于地区生产总值的 3.3%,比 2012 年提高 0.4 个百分点,高于全国平均水平 1.2 个百分点。

随着科技研发投入力量的加大,科技创新取得了丰硕成果。2016 年,三地专

利申请量和授权量分别达到 35.1 万件和 17.2 万件,均占全国的 10.7%,分别比 2012 年提高 2.5 和 3.3 个百分点。

(5)节能降耗成效显著,生态环境持续改善

京津冀三地树立和强化绿色发展理念,积极淘汰落后产能,提高能源利用效率,同时主动协作加大生态环境保护力度,促进绿色循环低碳发展,生态环境治理取得进展。

节能减排稳步推进,能源利用更加高效。京津冀三地不断加大对高耗能、高污染企业的治理力度,建立区域大气污染联防联控机制,共同推进节能降耗工作。2015 年,京津冀三地万元 GDP 能耗分别为 0.34 吨、0.5 吨和 0.96 吨标准煤,与2012 年相比,按可比价格计算,分别下降 15.3%、16.7% 和 21%。其中,工业结构优化升级发挥了重要作用,2016 年三地规模以上工业单位增加值能耗分别比 2012年下降 33.2%、37.9% 和 24.5%。

能源消费结构进一步改善。原煤等传统能源消费占全社会能源消费的比重逐步下降,天然气等清洁能源比重稳步提高。2015 年,京津冀煤品消费占能源消费总量比重分别为 13.7%、50.4% 和 88.6%,比 2012 年分别下降 11.5、10.3 和 2.3个百分点;天然气占比分别为 29%、10.3% 和 3.3%,比 2012 年分别提高 11.9、4.4和 1.7 个百分点。

生态环境协同治理,空气质量明显改善。三地签署了一系列协作协议,明确以大气、水、土壤污染防治为重点,联防联控,不断加大联合执法督导和治理力度,改善区域生态环境。2014 年以来共造林 1754 万亩。北京提前两年超额完成百万亩平原造林,2016 年全市林木绿化率达到 59.3%,森林覆盖率达到 42.3%,分别比2012 年提高 3.8 和 3.7 个百分点。天津 2014—2016 年三年来累计造林 249 万亩,2016 年建成区绿地率达到 31.7%,比 2012 年提高 0.8 个百分点。河北三年来累计完成造林 523 万亩,其中环京津造林 100 万亩;2016 年森林覆盖率达到 32%,比2012 年提高 6 个百分点。

2016 年京津冀区域 PM2.5 平均浓度为 71 微克/立方米,比 2013 年下降33.0%。其中,北京、天津和河北 PM2.5 平均浓度分别为 73 微克/立方米、69 微克/立方米和 70 微克/立方米,与 2013 年相比分别下降 18.4%、28.1% 和 35.8%。为了改善京津冀的环境问题,一方面控制高耗能、高污染企业的生产和污染处理,

淘汰落后产能企业;另一方面京津冀建立大气污染联合防治机制,提升区域生态保护力度。经过一年的共同努力,京津冀节能减排环境治理初见成效,2016 年第二产业的平均能耗同比分别下降 9.2%、11.8% 和 0.1%;京津冀三地的雾霾控制初现成效,其 PM2.5 平均浓度分别下降 17.9%、12.5% 和 20.3%。

(6) 交通建设稳步推进,互联互通取得实效

交通一体化是京津冀协同发展的骨骼系统和先行领域,三地围绕疏解北京非首都功能和产业升级转移,加紧建立统一开放的区域运输市场格局。

交通建设紧锣密鼓,重点项目加快推进。京津冀三地协同共进,加大交通领域投资,2012—2016 年累计完成交通领域固定资产投资 13908 亿元,年均增长 6%。重点工程有序高效推进。新机场、京台高速、京沈高铁等重点工程有序高效推进。京昆高速、京津城际延长线、津保城际铁路、张唐铁路建成通车。

互联互通取得进展,1 小时通勤圈初步形成。2016 年,三地公路里程合计达到 22.7 万公里,比 2012 年增加 2.7 万公里;其中高速公路 8722.9 公里,增加 1628.4 公里。天津、河北市民可持京津冀公交"一卡通"在北京乘坐公交地铁,在全国率先实现区域交通"一卡通"互联互通。2016 年,京津保核心区 1 小时通勤圈初步形成。京津冀城际铁路网建设进一步加强,将京津冀地区按照"1 小时圈""2 小时圈""3 小时圈"的梯度进行交通一体化建设,京沈客专、京张铁路等多条串联京津冀地区以及东北地区的铁路网加快发展和建设步伐,2016 年京津冀三地在交通基础设施投入同比增长分别为 13.6%、6.4% 和 23.4%,其中北京、河北的高于固定资产投资。

(7) 民生保障力度加大,公共服务差距缩小

京津冀三地将促进基本公共服务均等化、增强百姓获得感作为协同发展的本质要求,一方面努力促进居民增收,另一方面积极推进教育、医疗等重点公共服务领域发展,缩小三地公共服务水平差距。

居民收入稳步增长,民生保障力度加大。2016 年,京津冀三地全体居民人均可支配收入分别为 52530 元、34074 元和 19725 元;按常住地分,城镇居民人均可支配收入分别为 57275 元、37110 元和 28249 元,与 2012 年相比,扣除价格因素,年均实际增速分别为 6.6%、6.6% 和 6.8%。农村居民人均可支配收入分别为 22310 元、20076 元和 11919 元,与 2012 年相比,扣除价格因素,年均实际增速分别为

7.2％、8％和8％。三地农村居民收入增速均快于城镇收入增速,城乡收入差距不断缩小。

民生保障体系逐步完善,覆盖人群不断扩大。2016年,京津常住人口中参加城镇职工基本养老保险的人数分别为1459万人和639万人,分别比2012年增加20.9％和30.3％;参加城镇职工基本医疗保险的人数分别为1518万人和536万人,增加18.6％和11.8％;参加失业保险的人数分别为1118万人和303万人,增加11％和12.6％。2015年,北京"人人享有社会保障"的目标基本实现,城乡低保标准实现并轨;河北城乡居民大病保险实现全覆盖,农村互助幸福院、城市社区居家养老服务中心覆盖率分别达到65％和75％。

教育医疗加强合作,协同共进效果初显。三地先后签署、发布了《"十三五"时期京津冀教育协同发展专项工作计划》等各类教育合作协议21项,实施合作项目30余个。三地高校组建了"京津冀协同创新联盟"等多个高等教育联盟,合作学校建设、合作办学等成效显著。

北京与河北开展了北京—燕达等4个重点医疗合作项目,累计派出医师1000余人、接受津冀两地进修医师700余人。2016年,三地共有132家三级医疗机构和医学检验所试行27项临床检验结果的互认。京津冀三地每千人口执业(助理)医师数之比由2012年的2.7∶1.5∶1(以河北为1)调整为2016年的1.95∶1.02∶1。2016年上半年,北京二级及以上医疗机构出院患者中,河北患者的比例由2013年的9.1％下降至7.5％,更多患者选择本地就医。

(8)一体化建设效果显著

《京津冀协同发展纲要》指出,要想达到协同发展的预期目标必须在交通一体化、产业升级转型和环境保护生态建设等方面取得关键性的突破和发展。因此2016年作为京津冀协同发展的关键之年,也取得了一定的成果和突破。京津冀地区通过产业园区如曹妃甸协同发展示范区、天津滨海—中关村科技园等的建成积极推进产业的转移和承接,取得了显著的效果。北京市作为科技中心对河北省、天津市的技术辐射和创新带动能力不断提升,就2016年北京市向天津、河北地区转移技术合同超过1200项,成交额近50亿元,可见京津冀的技术、产业一体化效果显著。

第 5 章

基于减排视角的京津冀协同承接产业选择

通过京津冀产业发展现状以及京津冀协同发展现状的分析,京津冀产业发展之间存在着产业结构的梯度差异、经济发展水平的梯度差异。京津冀无论是从产业结构还是战略要求上都满足京津冀内部的产业转移和产业承接,而河北省处在京津冀发展的较低水平,自然承担起承接产业的重要任务,因此我们立足于细分行业,并且充分考虑行业发展对环境的影响,将环境污染程度作为衡量产业发展的重要指标,来研究在保护环境与地区经济发展的双重条件下的承接产业选择的问题。

5.1 基于减排视角的河北省承接产业短期选择

5.1.1 产业梯度系数

产业梯度转移重点强调的是在产业转移过程中,产业转移具有一定的指向性和方向性,主要是沿着经济发展水平较高的地区向经济发展水平较低的方向进行产业转移。产业梯度的形成主要依赖于地区间的经济发展水平、地区间的资源禀赋、地区间的要素成本等原因,其主要表现形式是从高到底的呈现阶梯状。我国最早研究产业梯度的是戴宏伟,其主要运用区位商(LQ)和比较劳动生产率($CPOR$)的叠加效应来衡量地区产业发展水平,并且命名为产业梯度系数(IGC),主要表达式是:

$$IGC = LQ * CPOR \tag{5-1}$$

式中,$CPOR$——地区该行业增加值占该行业全国增加值的比重/地区该产业从业人员占全国同行业总从业人员的比重,表示比较劳动生产率;

LQ——地区该行业增加值占地区 GDP 的比重/全国同行业增加值占全国 GDP 的比重,表示区位商。

区位商主要阐释的是一个行业在地区的发展规模和专有化程度,反而遗漏了劳动力素质的不同给产业发展带来的不同影响,比较劳动力在某种程度上表示了劳动力的素质和产业生产的技术手段的高低。因此,产业梯度系数是产业的集聚程度和劳动力素质来相互作用的结果。可以这样理解,产业的集聚程度越高,劳动力素质越高,产业的发展水平越高,竞争力越高。尽管产业梯度系数弥补了区位商无法准确预测因为劳动生产率差异带来的偏差,但是仍然遗漏了资本要素在产业发展中的作用,因为在相同的技术条件下资本总是向着最佳的经济效益的方向流动,一旦资金流入就会带来产业发展带来新一轮质的飞跃。资本的方向性的流动可以通过产业内部的获利能力来反映,因此可用比较投入产出率($CCOR$)来反映产业的获得利润的能力。进而产业梯度系数发展为:

$$IGC' = LQ * CPOR * CCOR \tag{5-2}$$

式中,$CCOR$——地区该产业增加值占该行业全国增加值的比重/地区该产业平均资本占全国该产业平均资本的比重,表示比较投入产出率。

5.1.2 基于减排视角的产业梯度系数改进

虽然目前的产业梯度在学者的不断研究和改进下,已经从技术投入、劳动力发展水平、资本利用率三个方面进行测度,但是对产业发展的影响因素不仅是限制在技术发展水平、劳动力素质和资本三个内生变量上,还包括环境、政策等外在的影响因素,尤其是在区域经济发展过程中,一个企业甚至是一个行业必须适应当地的制度、环境、资源等因素才能在该区域中获得长期有效的发展。在现有的产业梯度计算中主要是考虑产业发展的投入和产出要素即资本、劳动力等,但是随着宏观环境的不断改善和发展,行业的发展受到环境的影响越来越严重,并且可持续发展战略和绿色生态的发展理念的不断强调,都在预示着我国的产业和行业发展越来越重视环境的保护,因此在产业梯度系数测度时将引进一个比较环境投入产出率($CIOR$),即将环境作为企业或者行业发展的内生变量,作为行业发展的成本变量引入行业发展水平的测度中。这样就可以得到在考虑减排情况下改进的产业梯度系数:

$$IGC'' = LQ_{ijt} * CPOR_{ijt} * CCOR_{ijt} * CIOR_{ijt} \tag{5-3}$$

式中,$LQ_{ijt} = \dfrac{x_{ijt}}{A_{jt}} / \dfrac{x_{ijt}}{A_t}$ 表示 t 年 j 地区产业的区位商,x_{ijt} 表示 t 年 j 地区 i 行业的行业增加值,A_{jt} 表示 t 年 j 地区生产总值。X_{it} 表示 t 年全国 i 行业的行业增加

值, A_t 表示 t 年全国总产值。

$CPOR_{ijt}=\dfrac{x_{ijt}}{X_{it}}/\dfrac{l_{ijt}}{L_{it}}$ 表示 t 年 j 地区 i 行业的比较劳动生产率, l_{ijt} 表示 t 年 j 地区 i 行业的从业人员, L_{it} 表示 t 年全国 i 行业的从业人员。

$CCOR_{ijt}=\dfrac{x_{ijt}}{X_{it}}/\dfrac{f_{ijt}}{F_{it}}$ 表示 t 年 j 地区 i 行业的比较资本产出率, f_{ijt} 表示 t 年 j 地区 i 行业的平均资本, F_{it} 表示 t 年全国 i 行业的平均资本。

$CIOR_{ijt}=\dfrac{x_{ijt}}{X_{it}}/\dfrac{c_{ijt}}{C_{it}}$ 表示 t 年 j 地区 i 行业的比较环境投入产出率, c_{ijt} 表示 t 年 j 地区 i 行业的估计 CO_2 排放量, C_{it} 表示 t 年全国 i 行业的估计 CO_2 排放量。

比较环境投入产出率反映的是某地区某行业对环境的破坏能力,即在相同的环境负担时行业产出总量,如果在相同的环境代价下,产出量越高则表明该行业对环境的污染程度越小,行业自身的发展越好。若 $CIOR_{ijt}>1$ 则表示该行业的环境投入产出高于平均水平,若 $CIOR_{ijt}<1$ 则表示该行业的环境投入产出低于平均水平。

在实际生产和生活中 CO_2 的排放量无法直接获得,因此我们需要根据能源消耗对 CO_2 排放量进行测算。本书采取的是在我国发展中消耗较大的煤炭、原油和天然气作为主要能耗来计算京津冀地区分行业 CO_2 的的排放量。所用的计算方法是由联合国政府间气候变化专门委员会(IPCC)2006 年提供的计算方法进行计算。其主要计算公式如下:

$$CO_{2n}=\sum_{i=1}^{3}E_i*NVC_i*CEF_i*COF_i*(44/12) \tag{5-4}$$

式中, CO_{2n} ——测算的是 CO_2 排放量, $i=1,2,3$ 各表示三种一次能源,表示文中所研究的 36 个行业;

E_i ——表示各种能源的实际消耗量;

NCV_i ——是净发热值,采取的是 2010 年《中国能源统计年鉴》中给定的我国三种一次能源的平均发热值;

CEF_i ——采用的是 2006 年 IPCC 提供的碳排放系数;

COF_i ——表示碳氧化因子,其中煤炭的值设定为 0.99 而原油和天然气的值统一设定为 1;

44/12 ——表示的是 CO_2 的分子量比例。

综上所述,改进的产业梯度系数是由区位商、比较劳动生产率、比较资本产出率和比较环境投入产出率相互乘积得到,是由地区行业专业化程度、劳动力和技术水平、盈利能力和对环境的伤害值共同决定的。若 $IGC'' > 1$,表明该产业处在地区发展中的较高发展水平,拥有明显的竞争优势;而若 $IGC'' < 1$,则表明处在经济发展较低水平,缺乏应有的竞争优势。

5.1.3 京津冀地区产业梯度系数测度

根据我国行业分类标准,选取京津冀地区 36(如表 5-1)个行业作为研究对象,分别计算其区位商、比较劳动生产率、比较资本产出率、比较环境投入产出率和改进的产业梯度系数如下表 5-1,其中我们运用的数据全部来源于 2015 年的《中国统计年鉴》《北京统计年鉴》《天津统计年鉴》《河北省统计年鉴》。

表 5-1 2014 年京津冀地区的产业梯度系数比较

序号	行业	北京		天津		河北	
		IGC	排名	IGC	排名	IGC	排名
1	农林牧渔	0.00	36	0.00	29	0.00	30
2	煤炭开采和洗选业	0.01	33	0.01	19	1.06	7
3	黑色金属矿采选业	0.01	32	0.04	15	1.03	9
4	非金属矿采选业	0.01	31	0.00	33	0.13	14
5	农副食品加工业	0.26	19	0.00	24	0.00	26
6	食品制造业	0.10	23	2.18	1	0.02	19
7	酒、饮料和精制茶制造业	2.08	6	0.00	25	0.00	28
8	纺织业	0.03	27	0.02	17	0.07	16
9	纺织服装、服饰业	4.49	1	0.00	26	1.55	5
10	皮革、毛皮、羽毛及其制品和制鞋业	0.11	22	0.00	30	1.00	10
11	木材加工和木、竹、藤、棕、草制品业	0.02	30	0.00	22	0.00	21
12	家具制造业	1.33	11	0.00	31	1.97	3
13	造纸和纸制品业	2.35	4	0.59	10	0.60	11
14	印刷和记录媒介复制业	1.54	9	0.01	20	0.00	35
15	石油加工、炼焦和核燃料加工业	0.10	24	0.12	12	5.22	1
16	化学原料和化学制品制造业	0.02	29	1.12	7	0.00	32

（续表）

序号	行业	北京		天津		河北	
		IGC	排名	IGC	排名	IGC	排名
17	医药制造业	1.88	7	0.00	28	0.00	27
18	橡胶和塑料制品业	1.35	10	0.11	13	0.00	25
19	非金属矿物制品业	0.08	25	0.01	18	0.00	36
20	黑色金属冶炼和压延加工业	0.04	26	0.88	8	1.14	6
21	有色金属冶炼和压延加工业	0.00	34	0.00	35	1.06	8
22	金属制品业	0.64	16	0.04	16	0.06	17
23	通用设备制造业	1.62	8	1.43	5	0.00	34
24	专用设备制造业	0.66	15	2.06	2	0.00	24
25	交通运输设备制造业	0.14	21	1.34	6	0.00	22
26	电气机械和器材制造业	0.49	18	0.09	14	0.00	23
27	计算机、通信和其他电子设备制造业	3.49	2	0.00	23	0.07	15
28	仪器仪表制造业	2.33	5	0.00	27	0.00	31
29	电力、热力生产和供应业	1.27	12	1.88	3	0.02	18
30	燃气生产和供应业	0.20	20	0.01	21	0.00	29
31	水的生产和供应业	0.88	14	0.00	36	0.00	33
32	建筑业	1.22	13	0.44	11	0.00	20
33	交通运输、仓储和邮政业	0.00	35	0.00	34	0.13	13
34	批发零售餐饮住宿	0.02	28	0.00	32	2.02	2
35	科学研究和技术服务业	3.00	3	0.84	9	0.25	12
36	教育	0.60	17	1.57	4	1.78	4

5.1.4　京津冀承接产业短期选择

根据产业梯度转移理论我们知道产业转移和产业承接需要满足三个条件，一是充分发挥市场自我调节能力，使得生产要素在市场上自由流动；二是经济发展到一定水平，使得经济发展与产业发展之间存在无法匹配的关系；三是存在明显的产业梯度差异。通过分析京津冀地区的产业梯度系数，我们从劳动力、市场、资本和环境的角度对京津冀地区行业进行了比较分析，发现：

北京地区需要转出的行业有:煤炭开采和洗选业、黑色金属矿采选业、非金属矿采选业、食品制造业、纺织服装、服饰业、皮革毛皮羽毛及制品和制鞋业、家具制造业、石油加工、炼焦和核燃料加工业、化学原料和化学制品制造业、黑色金属冶炼和压延加工业、有色金属冶炼和压延加工业、通用设备制造业、专用设备制造业、交通运输设备制造、交通运输、仓储和邮政业、批发零售餐饮住宿、教育业。

天津地区需要转出的行业有:煤炭开采和洗选业、黑色金属矿采选业、非金属矿采选业、酒、饮料和精制茶制造业、纺织服装、服饰业、皮革毛皮羽毛及制品和制鞋业、家具制造业、造纸和纸制品业、印刷和记录媒介复制业、石油加工、炼焦和核燃料加工业、医药制造、有色金属冶炼和压延加工业、计算机通信电子设备制造业、仪器仪表制造业、交通运输、仓储和邮政业、批发零售餐饮住宿、科学研究和技术服务业。

发现河北省在一些行业发展中表现出了明显的发展优势,而京津地区则发展趋势疲软,因此我们可以确定河北省在未来可承接的行业有:煤炭开采和洗选业、黑色金属矿采选业、纺织服装、服饰业、皮革毛皮羽毛及制品和制鞋业、家具制造业、石油加工、炼焦和核燃料加工业、黑色金属冶炼和压延加工业、有色金属冶炼和压延加工业、交通运输、仓储和邮政业、批发零售餐饮住宿、教育业。

但是,产业梯度系数仅仅只能说明这些行业在发展和竞争中的自身实力情况的高低,虽然作为行业自身的强劲实力是促进经济发展的重要因素,但是对于一个地区的经济的发展而言,不仅仅要考虑产业的自身综合实力还要考察其对于当地经济发展的影响,以及从长远来看该行业是不是适合地区的发展。

5.2 基于脉冲响应的京津冀承接产业长期选择

5.2.1 样本选择和模型构建

通过运用比较环境投入产出率改进的产业梯度系数对京津冀地区产业发展水平的测度和分析可以发现河北省可以承接的产业,但是改进的产业梯度系数只是静态指标,测度行业发展的内生动力和发展水平无法直接表明与地区经济发展之间的联系,因此我们借助 VAR 模型和脉冲响应方法来发现行业发展和地区经济发展之间的关系。根据《国民经济行业分类与代码》(GB/T 4754—2002)将 35 个行业依次归纳为农林牧渔业、采掘业、加工制造业、装备制造业、电力燃气水的生产和供应业、建筑业和服务业七个类别。选取了农林牧渔,以煤炭开采和洗选业、黑色金属矿采选业、非金属矿采选业为代表的采掘业,以农副食品加工业、食品制造业、酒、饮料和精制茶制造业、纺织业、纺织服装服饰业、皮革、皮毛、羽毛及其制品和制鞋业、木材加工和木、竹、藤、棕、草制品业、家具制造业、造纸和制品业、印刷和记录媒介复制业、石油加工、炼焦和核燃料加工业、化学原料和化学制品制造业、医药制造业、橡胶和塑料制品业、非金属矿物制品业、黑色金属冶炼和压延加工业、有色金属冶炼和压延加工业为代表的加工制造业,以金属制品业、通用设备制造业、专用设备制造业、交通运输设备制造业、电气机械和器材制造业、计算机、通信和其他电子设备制造业、仪器仪表制造业为代表的装备制造业,以电力、热力生产和供应业、水的生产和供应业、燃气生产和供应业为代表的电力、热力、燃气和水的生产和供应业,建筑业和以交通运仓储和邮政业、批发零售和餐饮住宿业、科学研究和技术服务业为代表的服务业的七个行业分类。

在河北省通过产业梯度系数做出承接产业选择基础上进行进一步的研究,将有相同行业发展特点的行业进行归类,将煤炭开采和洗选业和黑色金属矿采选业归为一类称之为采掘业(CJY);纺织服装、服饰业、皮革毛皮羽毛及制品和制鞋业和家具制造业归为一类称之为轻工业(QGY);将石油加工、炼焦和核燃料加工业、黑色金属冶炼和压延加工业和有色金属冶炼和压延加工业归为一类称之为重工业(ZGY);交通运输、仓储和邮政业和批发零售餐饮住宿业归为一类称之为服务业(FWY);教育业(JYY)单独为一类。并且依据《河北省统计年鉴》搜集 1985 年到 2014 年 30 年的数据进行研究。

为了得到各个行业变动对地区 GDP 的影响,我们通过运用自回归模型的脉冲响应函数来研究。脉冲响应是来阐释当模型内部的变量受到外界任意的扰动冲击时对模型的当前内部的变量值和预测值的影响。因此创建一个稳定的 VAR 模型是进行脉冲响应的必要前提。VAR 模型的一般形式为:$y_t = c + \sum_{i=1}^{k} A_i y_{t-i} + \varepsilon_t$,其中,$\varepsilon_t$ 为 k 阶随机扰动项。

5.2.2　模型检验

首先,要进行变量的单位根检验来确保模型的有效性。为消除单位的影响,对 GDP 和五个行业的年产值进行对数处理。根据数据图形选取适当的截距项和趋势项,通过运用 Eviews8.0 计算的各个变量的单位根检验,利用 CJY、QGY、ZGY、FWY、JYY 表示各个行业;$\triangledown GDP$、$\triangledown CJY$、$\triangledown QGY$、$\triangledown ZGY$、$\triangledown JYY$、分别表示其对应的一阶差分;$\triangledown_2 GDP$、$\triangledown_2 CJY$、$\triangledown_2 ZGY$、$\triangledown_2 ZGY$、$\triangledown_2 FWY$、$\triangledown_2 JYY$ 分别表示其对应的二阶差分,得到表 5-2 所示的 ADF 检验结果。

表 5-2 单位根检验

变量	检验形式	滞后阶数	ADF统计量	临界值			是否是单位根
				1%	5%	10%	
GDP	$(c,t,0)$	GDP	−1.960105	−4.323979	−3.580623	−3.225334	是
	$(c,t,1)$	$\triangledown GDP$	−3.591586	−4.323979	−3.580623	−3.225334	否
	$(c,t,2)$	$\triangledown_2 GDP$	−5.319238	−4.339330	−3.587527	−3.229230	否
采掘业（CJY）	$(c,t,0)$	CJY	−1.630456	−4.309824	−3.574244	−3.221728	是
	$(c,t,1)$	$\triangledown CJY$	−4.534302	−4.323979	−3.580623	−3.225334	否
	$(c,t,2)$	$\triangledown_2 CJY$	−8.430617	−4.339330	−3.587527	−3.229230	否
轻工业（QGY）	$(c,t,0)$	QGY	−1.355985	−4.309824	−3.574244	−3.221728	是
	$(c,t,1)$	$\triangledown QGY$	−4.895362	−4.323979	−3.580623	−3.225334	否
	$(c,t,2)$	$\triangledown_2 QGY$	−6.490279	−4.356068	−3.595026	−3.233456	否
重工业（ZGY）	$(c,t,0)$	ZGY	−2.920288	−4.309824	−3.574244	−3.221728	是
	$(c,t,1)$	$\triangledown ZGY$	−6.794091	−4.323979	−3.580623	−3.225334	否
	$(c,t,2)$	$\triangledown_2 ZGY$	−6.634363	−4.356068	−3.595026	−3.233456	否
服务业（FWY）	$(c,t,0)$	FWY	−1.203398	−4.309824	−3.574244	−3.221728	是
	$(c,t,1)$	$\triangledown FWY$	−4.032047	−4.323979	−3.580623	−3.225334	否
	$(c,t,2)$	$\triangledown_2 FWY$	−7.218603	−4.339330	−3.587527	−3.229230	否
教育业（JYY）	$(c,t,0)$	JYY	−2.480472	−4.309824	−3.574244	−3.221728	是
	$(c,t,1)$	$\triangledown JYY$	−5.533895	−4.323979	−3.580623	−3.225334	否
	$(c,t,2)$	$\triangledown_2 JYY$	−9.104354	−4.339330	−3.587527	−3.229230	否

通过单位根检验可以发现,在置信水平为 5% 的情况下,GDP 和其他各类行业均满足一阶单整,而置信水平为 1% 的情况下均满足二阶单整。因此 GDP、CJY、

QGY、ZGY、FWY、JYY 这六个时间序列满足长期稳定条件。

其次,针对 VAR 模型进行 AR 稳定性检验。脉冲响应实现的前提是 VAR 模型稳定,因此要确保 VAR 模型的稳定性,对 VAR 模型进行稳定性检验,其中 AR 多项式根检验是 VAR 模型稳定性检验常用的方法,其中当 $K > 1$ 时,多项式满足其特征方程的单位根都小于 1 的结果,即多项式单位根都在单位圆内,此时可以认为 VAR 模型稳定。反之,多项式特征方程的单位根大于等于 1,即多项式根落在单位圆外,则认为 VAR 模型不稳定,无法进行脉冲响应分析。因此我们可以通过 Eviews8.0 对 VAR 模型进行检验,得到如图 5-1 所示的结果,即多项式根都在单位圆内,则认为 VAR 模型是稳定的,可进行脉冲响应分析。

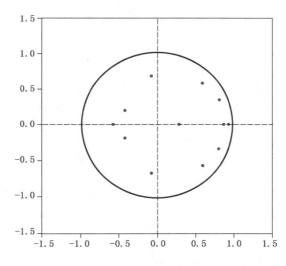

图 5-1　AR 检验的单位圆和特征根

5.2.3　脉冲响应分析

最后,进行脉冲响应分析。依据脉冲响应原理,分别对采掘业、轻工业重工业、服务业和教育业加入一个随机扰动项来观察其分别对 GDP 变动的影响情况。因此,我们运用 Eviews8.0 软件,且选取 20 年为观察期限,来进行操作,并且主要分析了各行业的随机变化对 GDP 的变动影响情况,由此可以得到如图 5-2 的分析结果。

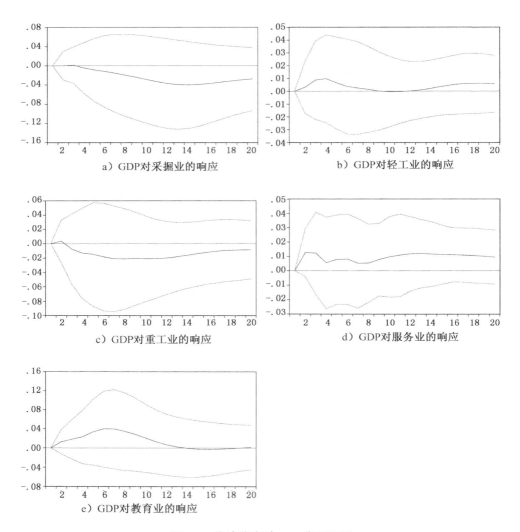

a）GDP对采掘业的响应

b）GDP对轻工业的响应

c）GDP对重工业的响应

d）GDP对服务业的响应

e）GDP对教育业的响应

图 5-2 脉冲响应对 GDP 发展预测

图 5-2 中，横轴表示滞后阶数的影响，对垂直轴的响应程度代表脉冲，实线表示对此的解释变量的影响的解释变量，虚线，加上或减去两倍的标准偏差与偏差。通过脉冲分析结果可以发现：

（1）图 5-2 a）中可以看出当采掘业受到外界随机干扰项冲击时，GDP 在开始时没有随着干扰而发生波动，在第 3 期之后出现了负向的波动，持续较长时间，因此可以判定采掘业在长期内是对 GDP 有阻碍作用的。

（2）图 5-2 b）中可以看出，当轻工业受到外界随机干扰冲击时，GDP 开始时出现正向波动,到第 4 期达到顶峰开始下降,到第 9 期与 0 水平线保持稳定,到第 12 期开始上升出现正向波动,因此可以判定轻工业在短期内对 GDP 有正向促进作用,长期内会出现波动,但是整体趋势是对 GDP 有长期促进作用。

(3)图 5-2 c)中可以看出,当重工业受到外界任意干扰冲击时,GDP 在前两期内出现正向波动之后出现负向波动,持续时间较长,因此可以判定重工业在短期内随 GDP 增长有一定的促进,但是长期来看重工业对 GDP 产生阻碍作用。

(4)图 5-2 d)中可以看出,当服务业受到外界随机干扰项冲击时,从开始就对 GDP 产生了正向波动,并且在长期内保持对 GDP 的正向影响,可以说明服务业无论是短期还是长期对 GDP 增长具有显著的拉动效果。

(5)图 5-2 e)中可以看出,当教育业受到外界随机干扰冲击时,GDP 出现正向波动,到第 7 期达到顶峰开始下降,到第 14 期下降到 0 水平线,之后始终保持与 0 水平线的重合,因此可以判定在 14 期以前教育业对于河北省的 GDP 增长有明显的促进作用,之后教育业的发展对 GDP 无明显的作用。

结合产业梯度系数测度结果和 VAR 模型的脉冲响应分析,我们可以发现轻工业和服务业对 GDP 的增长存在长期的促进作用,且纺织服装、服饰业、皮革毛皮羽毛及制品和制鞋业、家具业、交通运输仓储和邮政业、批发零售和餐饮住宿业相比于其他地区存在明显的区位优势,因此从长期来看,这些行业是河北省需要重点承接的行业;尽管教育业在长期表现出对 GDP 无明显的效果,但是在中长期内其对 GDP 的增长产生明显的促进效果,且教育业较其他地区存在明显的区位优势,因此从中长期来看教育业也是河北省承接的重点行业;采掘业和重工业对 GDP 的增长存在长期阻碍作用,但是煤炭开采和洗选业、黑色金属矿采选业、石油加工、炼焦和核燃料加工业、黑色金属压延和加工业和有色金属压延和加工业的产业梯度系数大于 1,具有明显的比较优势,因此从短期来看该行业是可以承接的,但是从长期来看不建议承接该行业。

第 6 章

基于减排视角的河北省承接产业发展路径分析

通过对考虑减排的京津冀协同发展中河北省承接产业选择的研究,我们依据改进的产业梯度系数测度在考虑环境效益时京津冀地区的产业发展水平进而从静态和短期进行了产业选择,又结合 VAR 模型的脉冲响应分析了承接产业发展与地区经济发展的长期效应进而做出了承接产业的长期选择,但是承接产业如何在适应河北省发展现状以及考虑改善环境的双重压力下实现快速合理的发展?因此我们从供给侧的角度,即要素投入的角度进行分析当将要素投入控制在什么样合理的范围内既能促进行业快速发展又能减少对环境的污染。

从生产函数的角度讲,生产的最大产量与生产要素之间存在着一定的关系,且生产要素的投入直接影响着产量,因此我们从生产要素的角度来分析河北省承接产业的发展路径。生产要素一般包括劳动力、土地、资本和企业家四种类型,本书从实际可以测度的角度将影响生产产出的主要要素投入界定在劳动力投入、资产投入和技术投入三个方面。因此我们借助门槛回归模型计算出要素投入的门限值,进而可以主动控制要素投入来保证产业能够获得最优效率的产出,促进产业的发展,进而得出河北省承接产业的绿色发展路径。

6.1 影响承接产业绿色发展路径的因素分析

在运用门槛回归模型之前,我们首先要分析劳动力投入、资本投入、技术投入对产业的影响程度,找出影响产业发展的关键因素和重要因素,进而可以通过重点控制关键因素的投入来改善产业发展情况。针对河北省的承接产业,我们综合考察劳动力、资本、技术、环境对河北省承接产业的影响。因此我们借助 VAR 模型的方差分析来发现影响河北省承接产业的绿色发展路径的因素。

通过运用 VAR 模型的方差分析,来发现河北省承接产业的产业绿色效益值（pro）、劳动力投入（lor）、固定资产投入（inp）、技术投入（tec）之间的关系。判断出劳动力投入、固定资产投入、技术投入对于承接产业的绿色效益值的贡献率,即找出影响承接产业绿色效益值增长的重要制约因素。VAR 模型的一般形式是：$y_t = c + \sum\limits_{i=1}^{k} A_i y_{t-1} + \varepsilon_t$,其中,$\varepsilon_t$ 为 k 阶随机扰动项。

VAR 模型是在河北省短期和长期的产业承接选择的产业基础上进行进一步研究,因此将涵盖纺织服装、服饰业、皮革毛皮羽毛及制品和制鞋业和家具制造业的轻工业（QGY）,涵盖交通运输、仓储和邮政业、批发零售餐饮住宿业和教育业的服务业（FWY）作为研究对象,分别研究两个大行业的产业绿色效益值、劳动力投入、固定资产投入、技术投入之间的关系。选择 1985 年到 2014 年 30 年间的数据进行分析。其中数据均来自《河北省统计年鉴》《中国统计年鉴》《中国能源统计年鉴》。

其中,承接产业的绿色效益值是指在承接产业充分考虑环境效益的基础上,从投入产出的角度看,将环境污染作为内生变量作为产业产值的成本和投入,将 CO_2 的产出成本作为环境污染成本。因此,将剔除环境因素的情况下的产业产值作为绿色效益值,其计算公式为:绿色效益值＝产业年总产值－二氧化碳年排放量＊碳价。其中 CO_2 的计算沿用第三章的计算方法。用劳动力成本表示劳动力投入,新增固定资产总额表示资本投入,技术开发支出总额表示技术投入。

6.1.1　影响轻工业绿色发展路径的因素分析

首先,要对变量做单位根检验来保证模型的有效性。为消除单位的影响,对轻工业、绿色效益值、劳动力成本、新增固定资产以及技术开发支出均做对数处理。根据数据图形选取适当的截距项和趋势项,通过运用 Eviews8.0 计算的各个变量的单位根检验,用 pro、lor、inp、tec 分别代表轻工业发展实现的绿色效益值、劳动力成本、新增固定资产、技术开发支出,用 ∇pro、∇lor、∇inp、∇tec、$\nabla_2 pro$、$\nabla_2 lor$、$\nabla_2 inp$、$\nabla_2 tec$ 分别代表以上时间序列的一阶、二阶差分,得到单位根检验结果（见附录表 1）。

通过单位根检验可以发现,在置信水平为 5% 的情况下,轻工业的绿色效益值、劳动力成本、新增固定资产及技术开发支出均满足一阶单整,当置信水平为

1%时,可以满足二阶。因此 4 个时间序列满足长期稳定条件。且通过格兰杰因果检验得到,考虑减排的轻工业的绿色效益值、劳动力成本、新增固定资产及技术开发支出之间存在格兰杰因果关系。因此,绿色效益值、劳动力成本、新增固定资产及技术开发支出均可作为因变量带入 VAR 模型。

其次,进行模型的 AR 稳定性检验。脉冲响应和方差分解都是在确保模型稳定的基础上才有意义,因此我们要对 VAR 做稳定性检验,其中 AR 多项式根是 VAR 模型稳定性检验常用的方法,其中当 $K>1$ 时,VAR 模型稳定需满足其特征方程的单位根都小于 1,即都在单位圆内。因此我们可以通过 Eviews8.0 对其进行检验得到到图 6-1 所示的结果,认为 VAR 模型是稳定的。

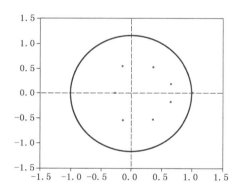

图 6-1　AR 检验的单位圆和特征根

最后,通过方差分解来确定内生性变量对方差的估计上的贡献大小。其主要原理是将内生性变量分解到各个扰动项上,直观地表明各内生变量对预测方差的贡献程度。变量轻工业绿色效益值的方差分解结果如表 6-1 所示:

表 6-1　轻工业绿色效益值方差分解结果(％)

预测期	标准差	绿色效益值	劳动力成本	新增固定资产	技术开发支出
1	0.47143	100.000	0.000	0.000	0.000
2	0.65416	89.220	0.590	0.174	10.014
3	0.74447	86.729	0.799	0.146	12.324
5	0.86411	83.311	7.030	0.320	9.336
10	1.05470	75.587	15.338	1.947	7.125
15	1.20288	68.407	21.431	2.990	7.170

（续表）

预测期	标准差	绿色效益值	劳动力成本	新增固定资产	技术开发支出
20	1.35097	63.451	25.557	3.660	7.330
25	1.50179	59.895	28.534	4.143	7.426
30	1.65636	57.215	30.781	4.507	7.494
35	1.81583	55.135	32.524	4.791	7.548
40	1.98123	53.486	33.906	5.015	7.591
45	2.15352	52.156	35.021	5.196	7.625
50	2.33360	51.068	35.932	5.344	7.653

从方差分解的结果，我们可以看到，随着预测期数的增加，新增固定资产投资对轻工业的绿色效益值的贡献率略有增加，并最终稳定在 5.3% 左右，其对绿色效益值的贡献程度最小；劳动力投入对绿色效益值的贡献率在前 15 期时涨幅明显，其后也稳步攀升，最终稳定在 35.9% 左右，对轻工业绿色效益值提升的贡献率最大；技术开发支出对绿色效益值的贡献率在第 3 期时达到最大，为 12.3%，之后便出现递减趋势，基本稳定在 7.6% 左右，其对绿色效益值的贡献程度排在第二位。由此可以发现，影响轻工业的绿色效益值增长的重要制约因素是劳动力投入水平。

6.1.2　影响服务业绿色发展路径的因素分析

首先，要对变量做单位根检验来保证模型的有效性。为消除单位的影响，对服务业绿色效益值、劳动力成本、新增固定资产均做对数处理。根据数据图形选取适当的截距项和趋势项，通过运用 Eviews8.0 计算的各个变量的单位根检验，用 pro、lor、inp 分别代表轻工业发展实现的绿色效益值、劳动力成本、新增固定资产，$\triangledown pro$、$\triangledown lor$、$\triangledown inp$、$\triangledown_2 pro$、$\triangledown_2 lor$、$\triangledown_2 inp$ 分别代表以上时间序列的一阶、二阶差分，得到单位根检验结果（见附录表 2）。

通过单位根检验可以发现，在置信水平为 1% 的情况下，服务业的绿色效益值、劳动力成本、新增固定资产均满足一阶、二阶单整。因此 3 个时间序列满足长期稳定条件。且通过格兰杰因果检验得到，考虑减排的服务业的绿色效益值、劳动力成本及新增固定资产之间存在格兰杰因果关系。因此，绿色效益值、劳动力成本、新增固定资产均可作为因变量带入 VAR 模型。

其次,进行模型的 AR 稳定性检验。脉冲响应和方差分解都是在确保模型稳定的基础上才有意义,因此我们要对 VAR 做稳定性检验,其中 AR 多项式根是 VAR 模型稳定性检验常用的方法,其中当 $K>1$ 时,VAR 模型稳定需满足其特征方程的单位根都小于 1,即都在单位圆内。因此我们可以通过 Eviews8.0 对其进行检验得到图 6-2 结果,认为 VAR 模型是稳定的。

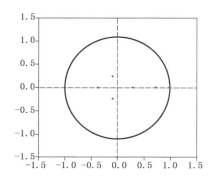

图 6-2　AR 检验的单位圆和特征根

最后,通过方差分解来确定内生性变量对方差的估计上的贡献大小。其主要原理是将内生性变量分解到各个扰动项上,直观地表明各内生变量对预测方差的贡献程度。变量服务业绿色效益值的方差分解结果如表 6-2 所示:

表 6-2　轻工业绿色效益值方差分解结果(%)

预测期	标准差	绿色效益值	劳动力成本	新增固定资产
1	0.202131	100.0000	0.000000	0.000000
2	0.291030	94.62792	2.803825	2.568260
3	0.345164	90.67705	4.544076	4.778874
5	0.420408	79.28914	6.920079	13.79078
10	0.549056	54.48445	9.732781	35.78277
15	0.646855	41.07652	10.68574	48.23774
20	0.722641	33.78752	11.11850	55.05364
25	0.782411	29.47708	11.36457	59.15835
30	0.830468	26.62899	11.52325	61.84775
35	0.869693	24.64391	11.63342	63.72267
40	0.902069	23.19643	11.71367	65.08989
45	0.929013	22.10571	11.77415	66.12050
50	0.951576	21.26204	11.82089	66.91707

从方差分解的结果可知,随着预测期数的增加,劳动力成本投入对服务业绿色效益值预测标准差的贡献率呈小幅上升,最终稳定在 11.8% 左右,其对绿色效益值的贡献程度最小;新增固定资产投入对服务业绿色效益值的贡献率在前 10 期时涨幅明显,其后也稳步攀升,最终稳定在 66.9% 左右,对轻工业绿色效益值提升的贡献率最大。可以确定,新增固定资产投入是影响服务业绿色效益值增长的重要制约因素。

6.2　基于门槛回归模型的轻工业绿色发展路径分析

6.2.1　河北省轻工业的门槛回归模型结果分析

通过对轻工业的 VAR 模型检验和方差分解的分析,我们可以发现劳动力投入是影响轻工业绿色效益值增长的重要制约因素,但是劳动力投入对轻工业绿色效益值增长的影响和制约过程怎样,具有怎样的路径,需要借助门槛回归模型做相关的处理和解释。

因此借鉴 Hansen 面板门槛模型的设计思路,构建劳动力投入对考虑减排的轻工业绿色效益值影响的单一门槛回归模型:

$$
\begin{cases}
\ln pro_{it} = \theta_1 \ln lor_{it} + \beta_1 \ln tec_{it} \beta_2 \ln inp_{it} + \varepsilon_{it} , lor_{it} \leqslant \gamma \\
\ln pro_{it} = \theta_2 \ln lor_{it} + \beta_1 \ln tec_{it} \beta_2 \ln inp_{it} + \varepsilon_{it} , lor_{it} > \gamma
\end{cases}
\tag{6-1}
$$

定义虚拟变量 $I_i(\gamma) = (lor_i \leqslant \gamma)$,其中($\cdot$)表示函数,当 $lor_i \leqslant \gamma$ 时 $l(\cdot) = 1$,反之 $l(\cdot) = 0$,这样,可以将上述两个方程写成一个方程模型:

$$
\ln pro_{it} = \theta_1 \ln lor_{it} I(lor_{it} \leqslant \gamma) + \theta_2 \ln lor_{it} I(lor_{it} > \gamma) +
$$
$$
\beta_1 \ln tec_{it} + \beta_2 \ln inp_{it} + \varepsilon_{it}
\tag{6-2}
$$

根据单一门槛模型可以得到多重门槛模型,即构建劳动力投入对考虑减排的轻工业绿色效益值影响的双重门槛回归模型:

$$
\ln pro_{it} = \theta_1 \ln lor_{it} I(lor_{it} \leqslant \gamma_1) + \theta_2 \ln lor_{it} I(lor_{it} \leqslant \gamma_2) +
$$
$$
\theta_3 \ln lor_{it} I(lor_{it} > \gamma_2) + \beta_1 \ln tec_{it} + \beta_2 \ln inp_{it} + \varepsilon_{it}
\tag{6-3}
$$

构建劳动力投入对考虑减排的轻工业绿色效益值影响的三重门槛回归模型:

$$
\ln pro_{it} = \theta_1 \ln lor_{it} I(lor_{it} \leqslant \gamma_1) + \theta_2 \ln lor_{it} I(\gamma_1 < lor_{it} \leqslant \gamma_2) +
$$
$$
\theta_3 \ln lor_{it} I(\gamma_2 < lor_{it} \leqslant \gamma_3) + \theta_4 \ln lor_{it} I(lor_{it} > \gamma_3) +
$$
$$
\beta_1 \ln tec_{it} + \beta_2 \ln inp_{it} + \varepsilon_{it}
\tag{6-4}
$$

式中,被解释变量是轻工业的绿色效益值(pro),核心解释变量即门限变量是劳动力投入(lor),控制变量是新增固定资产投资(inp)和技术开发支出(tec)。

为了确定门槛回归模型的具体形式、门槛值以及门槛的个数,本书使用Stata12.0版本的工具,对所研究对象分别在单一门槛和多重门槛的假设前提下进行门槛自抽样检验,用统计值F和利用Bootstrap计算出的P的大小来进行门槛类型和门槛值的选取。首先来分析以轻工业的劳动力投入作为门限变量时得到的检验结果如表6-3所示。

表6-3　门槛效果检验

模型	F 值	P 值	临界值		
			1%	5%	10%
单一门槛	17.9089 ***	0.0000	6.4009	3.4416	2.7155
双重门槛	6.5727 **	0.0200	7.7704	4.2375	2.5737
三重门槛	7.1622 ***	0.0075	6.7650	3.7438	2.6609

注:P 值采用"自抽样法"(Bootstrap)反复抽样 400 次所得;***、**、* 分别表示在 1%、5%、10%的显著水平上显著。

由表 6-3 可知,当其他因素不变,劳动力成本投入为门槛变量时,考虑减排的轻工业绿色效益值的单一门槛($P=0.0000$)、双重门槛($P=0.0200$)、三重门槛($P=0.0075$)分别在 1%、5%、10%下通过了显著性检验。即劳动力投入对考虑减排的轻工业绿色效益值的作用存在显著的门槛效应。当 LR 取值为 0 时,我们得到最优的门槛值,因此可以得到轻工业劳动力投入的门槛变量以及其在 95%水平下的置信区间,如表 6-4 所示。

表6-4　门槛估计值和置信区间

因变量	门槛值	门槛估计值	95%的置信区间
绿色效益值	第一门槛	1.7241	[1.6039,1.9045]
	第二门槛	2.2052	[1.9045,2.9868]
	第三门槛	3.3477	[2.9869,3.7686]

通过上述估计和检验分析发现,劳动力投入门槛值 1.7241、2.2052、3.3477 将河北省对涵盖纺织服装、服饰业、皮革毛皮羽毛及制品和制鞋业和家具制造业的轻

工业的劳动力投入划分为四个阶段。不同水平的劳动力投入对轻工业绿色效益值的产生的影响大小、方向都有显著的差异。当劳动力投入在 5.6074 亿元的以下时,劳动力投入系数估计值为 0.5939,表明劳动力投入会促进我省轻工业的绿色效益值的增长;当劳动力投入介于 5.6074~9.0721 亿元之间时,对应的估计系数为 0.0102<0.5939,表明劳动力投入仍然可以促进我省轻工业的绿色效益值的增长,但是增长幅度减小;当劳动力投入介于 9.0721~28.4373 亿元之间时,对应的估计系数为 0.3895>0.0102 但 0.3895<0.5939,表明劳动力投入促进我省轻工业的绿色效益值的增长,稍有增强但是增长幅度仍然小于 5.6074 亿元以下的投资;当劳动力投入高于 28.4373 亿元时,对应的估计系数为 0.7386 大于 0.5939,表明劳动力投入促进我省轻工业的绿色效益值增长,且促进力度最强。

综上所述,当将轻工业的劳动力投入在高于 28.4373 亿元时能够带来最大的投入产出效率,得到最大的绿色效益值。目前河北省对轻工业的劳动力投入已经远远超过了 28.4373 亿元,表明对于轻工业的发展现有劳动力投入已经不再成为制约河北省轻工业增长的重要原因,只需要在今后的发展中保持劳动力投入水平即可达到最大绿色效益值,因此我们针对新增固定资产投资做门槛效应分析。

其次来分析以轻工业的新增固定资产投入作为门限变量时得到的检验结果如表 6-5 所示。

表 6-5　门槛效果检验

模型	F 值	P 值	临界值		
			1%	5%	10%
单一门槛	50.4987***	0.0000	6.7638	4.1070	3.0422
双重门槛	7.4333**	0.0025	4.1650	−0.0474	−1.8767
三重门槛	6.2696**	0.0020	7.5745	3.5832	2.3483

注: P 值采用"自抽样法"(Bootstrap)反复抽样 400 次所得;*** 、** 、* 分别表示在 1%、5%、10% 的显著水平上显著。

由表 6-5 可知,当其他因素不变,新增固定资产投入为门槛变量时,考虑减排的轻工业绿色效益值的单一门槛($P=0.0000$)、双重门槛($P=0.0025$)、三重门槛($P=0.0020$)分别在 1%、5%、10% 下通过了显著性检验。即新增固定资产投入对考虑减排的轻工业绿色效益值的影响存在显著的门槛效应。当 LR 取值为 0 时,我们得到最优的门槛值,因此可以得到轻工业新增固定资产的门槛变量以及其在95％水平下的置信区间,如表 6-6 所示。

表 6-6　门槛估计值和置信区间

因变量	门槛值	门槛估计值	95％的置信区间
绿色效益值	第一门槛	1.9858	［1.2444,2.5499］
	第二门槛	3.0199	［2.9259,3.4899］
	第三门槛	3.9600	［3.5987,4.6180］

通过上述估计和检验分析发现,新增固定资产的三个门槛值 1.9858、3.0199、3.960 将河北省对涵盖纺织服装、服饰业、皮革毛皮羽毛及制品和制鞋业和家具制造业的轻工业劳动力投入水平划分为四个层次,不同的新增固定资产水平对轻工业绿色效益值影响的方向和程度差异显著。当新增固定资产投入控制在 7.2898 亿元以下时,其投入系数估计值为 0.0809,表明在此水平下新增固定资产投入的增加会促进我省轻工业绿色效益值增长;当新增固定资产投入控制在 7.2849～20.4892 亿元之间时,对应的估计系数为 -0.2708,表明在此水平下新增固定资产投入增加将阻碍我省轻工业绿色效益值增长;当新增固定资产投入控制在 20.4892～52.4573 亿元之间时,对应的估计系数为 0.2315,表明在此水平下新增固定资产投入增加将促进我省轻工业绿色效益值的增长,增长幅度有所增强;当新增固定资产投入高于 52.4573 亿元时,对应的估计系数为 0.3896 大于 0.2315,表明在此水平下新增固定资产投入增加促进我省轻工业绿色效益值增长,且促进力度最强。

综上所述,当将轻工业的新增固定资产投入控制在 52.4573 亿元以上时能够带来轻工业最大的投入产出效率,得到最大的绿色效益值。根据调查发现,目前河北省对轻工业的新增固定资产投入已经远远超过了 52.4573 亿元,表明对于轻工业的发展现有新增固定资产投入的增加已经不再成为制约河北省轻工业增长的主要因素,只需要在今后的发展中保持新增固定资产投入水平即可达到最大绿色效益值,因此我们针对技术开发支出做门槛效应分析。

最后来分析以轻工业的技术开发支出作为门限变量变量时得到的检验结果如表 6-7 所示。

表 6-7　门槛效果检验

模型	F 值	P 值	临界值		
			1%	5%	10%
单一门槛	11.4275 ***	0.0000	7.5139	3.5274	2.6600
双重门槛	3.9699 **	0.0225	6.5116	2.7781	1.1963
三重门槛	6.9747 ***	0.0025	6.3422	2.1955	0.0371

注：P 值采用"自抽样法"(Bootstrap)反复抽样 400 次所得；***、**、* 分别表示在 1%、5%、10% 的显著水平上显著。

由表 6-7 可知，当其他因素不变，技术开发支出为门槛变量时，考虑减排的轻工业绿色效益值的单一门槛($P=0.0000$)、双重门槛($P=0.0225$)、三重门槛($P=0.0025$)分别在 1%、5%、10% 下通过了显著性检验。即技术开发支出对考虑减排的轻工业绿色效益值的影响存在显著的门槛效应。当 LR 取值为 0 时，我们得到最优的门槛值，因此可以得到轻工业技术开发支出的门槛变量以及其在 95% 水平下的置信区间，如表 6-8 所示。

表 6-8　门槛估计值和置信区间

因变量	门槛值	门槛估计值	95% 的置信区间
绿色效益值	第一门槛	−5.6947	[−6.1516, −5.6096]
	第二门槛	−2.0968	[−2.5537, −1.9826]
	第三门槛	−1.6399	[−1.9826, −1.4977]

技术开发支出门槛值−5.6947、−2.0968、−1.6399 将河北省对涵盖纺织服装、服饰业、皮革毛皮羽毛及制品和制鞋业和家具制造业的轻工业的技术开发支出划分为四个层次，不同的技术开发支出水平对轻工业的绿色效益值影响的方向和程度差异显著。当技术开发水平在 0.0034 亿元以下时，技术开发支出系数估计值为−0.0899，表明技术开发支出会阻碍我省轻工业的绿色效益值的增长；当技术开发支出介于 0.0034～0.1228 亿元之间时，对应的估计系数为 0.1124＞−0.0899，表明技术开发支出促进我省轻工业的绿色效益值的增长，但是增长幅度较小；当技术开发支出介于 0.1288～0.1940 亿元之间时，对应的估计系数为 0.6843＞0.1124，表明技术开发支出促进我省轻工业的绿色效益值的增长，涨幅增大；当技术开发支出高于 0.1940 亿元时，对应的估计系数为−0.4096，表明技

术开发支出要阻碍我省轻工业的绿色效益值增长。综上所述,当对轻工业的技术开发支出控制在0.1288～0.1940亿元之间时,能够促进我省轻工业的绿色效益值最大,获得最大的产出。

6.2.2 基于减排视角的河北省轻工业承接方式选择

产业转移和承接是在产业自身和区域发展的双重压力下形成的产业或者产业链空间转移和扩展的过程。因此产业承接会受到来自产业发展和区域现状的双重影响。对于细分行业采取何种方式承接也是值得我们去好好思考的课题。通过改进的产业梯度系数测度和脉冲响应分析,我们立足于河北省经济发展的主体地位进行了承接产业方式的分析:

(1)通过分析纺织服装、服饰业的区位商、比较劳动生产率、比较资本投入产出率、比较环境投入产出率和改进的产业梯度系数发现,该行业较外围地区存在明显劳动力、资本等生产要素优势,但是该行业的地区专业化程度不足,成为制约行业发展的重要原因。因此在承接纺织服装、服饰业的时候要通过园区建设和平台建设,进行产业集群式发展,集中整合资源,优化产业链布局,扩大生产规模,进而获得规模经济效益,促进该行业在河北省的长期稳定发展。

河北省要依托现有的衡水、邢台清河经济开发区、高阳纺织产业集群等产业集聚区,制定合理的产业政策,主动开放产业集群区,吸引京津地区的纺织服装、服饰业的相关企业和组织进驻,充分发挥专业化水平、劳动力和资本优势促进河北省纺织服装、服饰业的发展。将河北省打造成京津冀地区纺织服装、服饰业主要生产基地和供给中心,着力促进沿京九线特色轻纺产业带发展。

(2)通过分析皮革毛皮羽毛及制品和制鞋业的区位商、比较劳动生产率、比较资本投入产出率、比较环境投入产出率和改进的产业梯度系数发现,该行业表现出了明显的竞争力和比较优势,依托河北省的资源优势,该行业的专业化水平、劳动力水平都较外围地区更好,但是该行业的发展受到了低碳环保绿色发展理念的冲击,该行业的环境治理和减排技术较差,想要获得长期可持续发展则需要进行绿色生产技术的创新,改善环境治理能力,促进该行业的绿色发展。

由于皮革毛皮羽毛及制品和制鞋业在河北省具有完整的产业链、完善的市场以及成熟的劳动力市场的优势,其发展完全可以覆盖和供给京津冀地区的市场需求,因此在京津地区该行业的发展受到河北省行业发展的挤压,促使该行业向河北省转移。河北省可以依托现有完善的辛集制革制衣工业区、肃宁皮毛工业园区、白沟箱包工业区、枣强大营皮毛产业集群等产业园区或者产业集群,选择性地吸纳具有技术领先或者效益领先的企业等组织到河北省进驻和发展,进而促进该行业在河北省的进一步发展壮大,打造全国闻名的皮革特色产业基地。

(3)家具制造业无论是在专业化程度还是生产要素上都表现出了明显的竞争优势,在产业承接中充分发挥香河家具产业基地、正定板式家具基地、霸州钢木家具基地、大城仿明清家具特色园区等家具生产基地的优势,要做好制度体系建设,将京津地区的先进技术和优秀人才一起进行承接,促进承接行业和本地行业进行更好的融合。抓住行业发展的黄金时期,积极引导资源要素流入到该行业,出台相关的鼓励政策大力发展家具制造业及其配套的物流运输业的发展。

6.2.3 基于减排视角的河北省承接轻工业的发展路径

根据对河北省轻工业的门槛回归分析,我们可以得出以下结论:

当其他条件不变时,轻工业的劳动力投入在高于 28.4373 亿元时能够带来最大的投入产出效率,得到最大的绿色效益值;相应的当其他条件不变时,轻工业的新增固定资产投入在高于 52.4573 亿元时能够带来最大的投入产出效率,得到最大的绿色效益值;当其他条件不变的情况下,轻工业的技术开发支出控制在0.1288~0.1940 亿元之间时,能够促进我省轻工业的绿色效益值最大,获得最大的产出。

据统计结果发现,目前河北省轻工业的劳动力投入已经远远超过了 28.4373 亿元,处在能够促进轻工业绿色效益值增加的区间,表明对于轻工业的发展现有劳动力投入已经不再是限制河北省轻工业发展的主要因素,只要维持对轻工业的现有劳动力投入水平就可以在长期内获得较高的绿色效益值,但是要防止不断追加劳动力投资带来的过度投资和劳动力的浪费;河北省轻工业的新增固定资产投入已经远远超过了 52.4573 亿元,处在能够促进轻工业绿色效益值增加的区间,表明对于轻工业的发展现有新增固定资产投入已经不再是限制河北省轻工业发展的主要因素,只要维持对轻工业的现有新增固定资产投资水平就可以在长期内获得较高的绿色效益值,要防止过度投资和浪费;但是,河北省目前对轻工业的技术开发支出为 0.09545 亿元左右,尚未达到最大绿色效益值产出区间,是制约轻工业发展的最主要原因。

由此可以发现,河北省轻工业在保持现有的劳动力投入规模和新增固定资产投入的规模之时,技术开发支出是决定河北省轻工业绿色发展的关键因素。河北省在今后的发展中应该加大技术开发支出力度,将对轻工业的技术开发支出控制在 0.1288~0.1940 亿元之间。

(1) 严格控制要素投入,优化资源配置

资源优化配置是指在市场经济条件下,不是由人的主观意志而是由市场根据平等性、竞争性、法制性和开放性的一般规律,由市场机制通过自动调节对资源实现的配置,即市场通过实行自由竞争和"理性经济人"的自由选择,由价值规律来自动调节供给和需求双方的资源分布,用"看不见的手"优胜劣汰,从而自动地实现对全社会资源的优化配置。

河北省轻工业的发展要严格控制劳动力投入、新增固定资产投入和技术开发支出的投入,通过要素的合理分配调控来优化资源配置。对轻工业的劳动力投入、新增固定资产投入分别控制在 28.4373 亿元、52.4573 亿元之上的水平,但是尽量减少过度投入,防止产生资源的无端浪费。结合细分行业的分析,可以发现纺织服装、服饰业的专业化水平较低,因此可以将劳动力投入和新增固定资产投入向纺织服装、服饰业倾斜,促进纺织服装、服饰业产生较高的绿色效益值。依托现有的衡水、邢台清河经济开发区、高阳纺织产业集群等产业集聚区,通过提供免租厂房、税收优惠、市场开放等方式吸收京津地区的纺织服装、服饰业向河北省转移,并且通过扶持重点企业打造品牌,将纺织服装、服饰业做大做强。

在控制现有的劳动力投入、新增固定资产投入的规模之下,要加大技术开发支出力度,一方面吸引京津地区的拥有高端技术的企业和组织入驻河北省及其省内相关产业集聚区;另一方面,加大产学研力度,促进企业、政府科研机构、高等学校三位一体的联合研发,增加相应的投资。将科技开发支出水平维持在 0.128~0.1940 亿元之间。根据细分行业分析,皮革毛皮羽毛及制品和制鞋业的环境治理和减排技术较差,想要获得长期可持续发展则需要进行绿色生产技术的创新,改善环境治理能力,促进该行业的绿色发展。因此,需要将技术开发支出投资向皮革毛皮羽毛及制品和制鞋业倾斜,促进其产生最优的绿色效益值。

资源优化配置指的是能够带来高效率的资源使用,其着眼点在于"优化",它既包括企业内部的人、财、物、科技、信息等资源的使用和安排的优化,也包括社会范围内人、财、物等资源配置的优化,经常所说的"劳动优化组织""改善企业经营管理""下岗分流,减员增效"等都是属于资源优化配置的范畴。资源配置是否优化,其标准主要是看资源的使用是否带来了生产的高效率和企业经济效益的大幅度提高。市场优胜劣汰的竞争机制,必然导致一部分企业的破产倒闭。一般说来,那些在同行业中科技水平不高,生产效率低,经济效益差的劣势企业,会因其产品和服务缺乏市场竞争力而遭淘汰。因此,从资源使用这个角度看,归根到底是看有没有实现生产的高效率、高效益。

资源的优化配置主要靠的是市场途径,由于市场经济具有平等性、竞争性、法制性和开发性的特点和优点,它能够自发地实现对商品生产者和经营者的优胜劣汰的选择,促使商品生产者和经营者实现内部的优化配置,调节社会资源向优化配置的企业集中,进而实现整个社会资源的优化配置。因此,市场经济是实现资源优化配置的一种有效形式。

由于市场调节作用的有限性使市场调节又具有自发性、盲目性、滞后性等弱点,因此,社会生产和再生产所需要的供求的总量平衡,经济和社会的可持续发展,社会公共环境等,必然由国家的宏观调控来实现。而在企业内部,部门或地区资源的合理使用,则主要是由市场途径来实现的。这种优胜劣汰的竞争机制促使企业改进技术,改善经营管理,提高劳动生产率,降低生产成本,提高经济效益,实现资源优化配置。同时,也促进企业面向市场组织生产,优化资产结构,形成合理的创新机制,从而在微观的企业,部门或地区范围内实现资源的合理配置。

资源的优化配置是以合理配置为前提,以经济和社会的可持续发展及整个社会经济的协调发展为前提的。人类社会的生产过程,就是运用资源,实现资源配置的过程。由于资源的有限性,投入到某种产品生产的资源的增加必然会导致投入到其他产品生产的这种资源的减少,因此,人们被迫在多种可以相互替代的资源使用方式中,选择较优一种,以达到社会的最高效率和消费者,企业及社会利益的最大满足。从这个意义讲,人类社会的发展过程,就是人们不断追求实现资源的优化配置,争取使有限的资源得到充分利用,最大限度地满足自己生存和发展需要的历程。在市场经济中,市场对生产资料和劳动力在社会各部门之间大体保持适当的比例关系的调节，国家宏观调控在制定国民经济和社会发展战略目标，搞好经济发展的规划及总量控制，重大结构和重大生产力布局等方面的作用，从整个社会发展来看，其目的都是为了保证社会生产的顺利进行，保证有限的资源得到最大限度的利用。

（2）强化集群创新能力，践行低碳之路

创新集群是指在某一产业领域内，一组交互作用的创新型企业和关联机构，由于具有异质性和互补性而联系在一起并根植于某一特定地域而形成的一种地方性网络组织。创新理论的创始人熊彼特发现并提出了集群创新现象，熊彼特认为：创新并不是孤立的，它们总是趋于集群，成簇地发生。成功的创新首先是一些企业，接着是更多灵敏的企业会步其后尘，创新也不是随机地均匀分布的，它总是集中于某些部门及相邻部门。

王缉慈（2004）指出集群可以分为两大类：基于创新的集群和低成本的集群；低成本的集群是指其参与竞争的基础是低成本，这种集群内部信任度低；创新性集群或创新集群（innovative clusters）是区别于低成本的产业集群（或低端道路的产业集群）而言的，是指创新性的产业集群或基于创新的产业集群。这种分类的问题在于将创新集群完全视为一个地理概念，忽视了创新集群还存在技术经济空间维度，如熊彼特、罗森伯格一直到现今的技术系统研究。

通过对技术开发支出的脉冲响应分析，可以发现技术开发支出在初期对轻工业具有负向作用，第 5 期之后开始出现正向作用，说明一方面技术开发需要的周期较长，另一方面新技术和新设备的运用需要一个较长的学习周期。因此要强化产业集群的创新能力，主要包括加大技术开发的资金支出和人才培养，通过建立集群内部的共享研发系统，促进技术创新和技术产业化。另外还要注重新知识新设备的普及和学习培训，通过培训和学习减少创新成果转化周期，促进行业的快速发展。在纺织服装、服饰业、皮革毛皮羽毛及制品和制鞋业和家具制造业的发展中要加大环境保护投入力度，做好绿色工艺创新、流程创新、废旧原料处理手段创新，通过不断创新来提升绿色环保能力。

一座城市的"低碳度"，不仅涉及低碳的产出，更涉及低碳的消耗。低碳之城的道路上，深圳低碳型新兴产业成为一道绿色风景。产业结构调整不但对空气质量改善的贡献最大，对经济发展也贡献卓著。2016 年，深圳市战略性新兴产业和未来产业增加值达到 7847.72 亿元,增加值占 GDP 比重超过 40%,初步测算可拉低全市碳排放强度下降 1/5 左右。

以创新推动发展,以低碳赢得未来。表面来看,国际低碳城论坛是一个低碳领域的专业论坛,国内外城市在应对气候变化、实现低碳绿色发展上进行“智慧”碰撞。深层次上看,国际低碳城的建设过程中,为大量低碳技术提供了最佳实践应用机会,通过对低碳技术的集成利用,孵化出 100 个以上与低碳产业相关的产品。深圳逐渐在低碳之路上走出了独有模式——以项目引领产业创新。不少项目收到青睐,包括海上风电技术、集中供热分布式能源综合利用、城通能源管理及节能系统、源合网项目、氢能项目、垃圾分类室外智能箱、废旧轮胎再生能源、英利光伏系统解决方案等。

“绿水青山就是金山银山。”走绿色循环低碳之路,既是顺应当今世界绿色潮流发展的时代要求,也是建设经济强省、美丽河北的必然选择,更是顺应人民群众新期待的迫切需要。过去几十年,我们经济总量不断跃升、总体财富不断增长、人民生活水平不断提高。但也为此付出了沉重的代价。经济发展依赖粗放型模式,不仅效益低、质量差、核心竞争力弱,而且导致资源约束趋紧、环境污染严重、生态系统退化。频频出现的雾霾天气,其罪魁祸首就是工业排放的污染物,它和其他各种环境污染一起,损害着人民的身心健康,破坏着人民的生活质量。可以说,坚定不移走绿色循环低碳之路,切中了河北经济社会发展的要害。走绿色循环低碳之路,从源头上扭转生态环境恶化趋势,为人民创造良好生产生活环境,这是我们义不容辞的责任。如何走绿色循环低碳之路,是当前亟须解决、事关未来发展的重大战略问题。

走绿色循环低碳之路,就要加大环境整治。生活在山清水秀的美好家园里,越来越成为人民群众的强烈愿望。我们要打好大气污染防治攻坚战,深化污染减排,加强钢铁、水泥、电力、玻璃、石化等重点行业大气污染治理,强化燃煤治理,强力推行集中供热和清洁能源供热,加强煤炭清洁高效利用,推进农村清洁能源开发利用工程,加强京津冀大气污染防治联防联控,完善区域环境监测预警和信息共享机制。加快绿色河北攻坚行动,实施天然林保护、京津风沙源治理、退耕还林、三北防护林、太行山绿化和沿海防护林等生态建设工程,提升绿化水平。推进水污染防治行动,大力开展重污染河流治理,加强重点区域水污染防治,实施永定河、滦河、大清河、滹沱河、滏阳河等重点河流水生态保护与修复,加强白洋淀、衡水湖等重点湖泊综合治理,推进荒漠化、水土流失治理。

走绿色循环低碳之路,就要调整产业结构。目前,河北发展中遇到的问题,许多都可以归结到产业结构。从经济结构看,河北产业结构偏重的问题比较突出。二产比例过高,过重的产业结构导致资源、能源消耗量大,生态环境持续恶化。过分依赖能源和资源的消耗生产初级产品、低端产品,由此造成竞争力差、效益低下。这种状况不改变,构建绿色产业体系和空间格局就是一句空话。我们应坚决压减过剩产能,持续推进传统产业改造,发展战略性新兴产业,加快发展现代服务业,构建现代农业产业体系。按照绿色化的理念优化产业发展模式,发展循环经济,建立循环型产业体系,推进工业园区、大型企业循环化改造,全面推行清洁生产,建设清洁低碳、安全高效的现代能源体系,提高全社会资源产出率。推动新技术、新产业、新业态蓬勃发展,重点推进科技创新,形成一批重大创新成果,着力推进科技成果产业化,形成新的产品群、产业群。

(3)优化投资结构,激发投资活力

中国经济进入增速换挡期以后,投资增速也在换挡,投资确实对经济增长很重要,但是在现阶段投资结构的优化比投资总量的增长在一定程度上来讲更重要,符合产业发展方向的高技术产业和符合居民生活质量改善的生活性服务业的投资都在大幅增加。近年来,中国三大需求结构中也出现了积极的变化,大家都关心"三驾马车"对经济增长的贡献,以前我们经济增长过度依靠投资,依靠出口,但是近几年中国的"三驾马车"中消费对经济增长的贡献明显提升。2015年"三驾马车"中消费对经济增长的贡献率是60.9%,比资本形成总额的贡献率高19.2个百分点。2016年1—5月份民间投资增长速度是3.9%,比1—4月回落了1.3个百分点。民间投资增速回落,显示出经济的内生动力需要增强。民间投资增速之所以回落,一方面原因是因为近年来工业品出厂价格持续下滑,尤其是部分产能过剩行业的企业利润增速可能会下降,一定程度上影响了投资的积极性。另一方面,与某些行业上放开的力度不够大也有关系。这次国务院派出了9个督导组,还专门开过发布会,谈到调研当中发现的问题,有一部分领域对民间资本在准入上放开得不够,还存在不少"弹簧门""玻璃门",这在一定程度上限制了一些民间资本的进入。

政府投资应主要投向非经营项目,对少数经营性项目的支持也只能采取资本注入、投资补助、贷款贴息的有限责任方式;投资资金按项目而非主体安排,意味着不再存在享受政府资金支持的地方国企"铁帽子王";无论何种投资项目,都必须进入政府投资项目库和政府年度投资计划与三年滚动政府投资计划。

轻工业发展要减少对高耗能、重污染、低效益产业项目的投资,减少低端产品的重复投资,优化投资结构,增加有效投资。河北省要继续扩大固定资产加速折旧优惠范围,将加速折旧优惠政策扩大到轻工业的细分行业,更好地激发企业淘汰落后产能和设备更新改造的积极性,促进产业结构优化。另外,河北省政府要采取积极的扶持政策增强企业自主投资的意愿,尤其是激发民间资本投资活力,积极稳妥地推进政府与社会资本合作的模式。资金的自由流动和使用是轻工业发展的重要保证之一。而符合产业发展方向、符合"补短板"部门的投资继续保持较快的增长。1—5 月份,水利、环境和公共设施管理业投资增长 28.6%,比全部投资增速要高很多;信息传输业增长速度是 29%。而高耗能投资,尤其是产能过剩的一些行业,需要去产能这些部门投资增速是大幅回落的,像煤炭和洗选业的投资,1—5 月份同比下降 32.9%,降幅扩大 6.1 个百分点。投资结构优化趋势是非常明显的。

6.3　基于门槛回归模型的服务业绿色发展路径分析

6.3.1　河北省服务业的门槛回归结果分析

通过对服务业的 VAR 模型检验和方差分解的分析,我们可以发现新增固定资产投入是影响服务业绿色效益值增长的重要制约因素,但是新增固定资产投入对服务业绿色效益值增长的影响和制约过程怎样,具有怎样的路径,我们需要借助门槛回归模型进行分析。

因此借鉴 Hansen 面板门槛模型的设计思路,构建新增固定资产投入对考虑减排的服务业绿色效益值影响的单一门槛回归模型:

$$\begin{cases} \ln pro_{it} = \theta_1 \ln inp_{it} + \beta_1 \ln lor_{it} + \varepsilon_{it}, inp_{it} \leqslant \gamma \\ \ln pro_{it} = \theta_2 \ln inp_{it} + \beta_2 \ln lor_{it} + \varepsilon_{it}, inp_{it} > \gamma \end{cases} \tag{6-5}$$

定义虚拟变量 $I_i(\gamma) = (lor_i \leqslant \gamma)$,其中($\cdot$)表示函数,当时 $lor_i \leqslant \gamma$ 时 $I(\cdot) = 1$,反之 $I(\cdot) = 0$,这样,可以将上述两个方程写成一个方程模型:

$$\ln pro_{it} = \theta_1 \ln inp_{it} I(inp_{it} \leqslant \gamma) + \theta_2 \ln inp_{it} I(inp_{it} > \gamma) +$$

$$\beta \ln lor_{it} + \varepsilon_{it} \tag{6-6}$$

根据单一门槛模型可以得到多重门槛模型，即构建新增固定资产投入对考虑减排的服务业绿色效益值影响的双重门槛回归模型：

$$\ln pro_{it} = \theta_1 \ln inp_{it} I(inp_{it} \leqslant \gamma_1) + \theta_2 \ln inp_{it} I(\gamma_1 < inp_{it} \leqslant \gamma_2) +$$
$$\theta_3 \ln inp_{it} I(inp_{it} > \gamma_2) + \beta \ln lor_{it} + \varepsilon_{it} \tag{6-7}$$

构建新增固定资产对考虑减排的服务业绿色效益值影响的三重门槛回归模型：

$$\ln pro_{it} = \theta_1 \ln inp_{it} I(inp_{it} \leqslant \gamma_1) + \theta_2 \ln inp_{it} I(\gamma_1 < inp_{it} \leqslant \gamma_2) +$$
$$\theta_3 \ln inp_{it} I(\gamma_2 < inp_{it} \leqslant \gamma_3) + \theta_4 \ln inp_{it} I(inp_{it} > \gamma_3) +$$
$$\beta \ln lor_{it} + \varepsilon_{it} \tag{6-8}$$

式中，被解释变量是服务业的绿色效益值(pro)，核心解释变量即门限变量是新增固定资产投资(inp)，控制变量是劳动力投入(lor)。

通过运用 Stata12.0 软件依次在单一门槛、双重门槛和三重门槛的假设下进行自抽样检验，模型估计和检验。以服务业新增固定资产投入为门槛变量时得到的检验结果如表 6-9 所示。

表 6-9　门槛效果检验

模型	F 值	P 值	临界值		
			1%	5%	10%
单一门槛	15.1334***	0.0000	7.3547	3.9884	3.0201
双重门槛	4.6651**	0.0100	4.6243	2.1524	0.8841
三重门槛	17.0537***	0.0050	11.5258	4.8098	2.8434

注：P 值采用"自抽样法"(Bootstrap)反复抽样 400 次所得；***、**、* 分别表示在 1%、5%、10%的显著水平上显著。

由表 6-9 可知，当其他因素不变，新增固定资产为门槛变量时，考虑减排的服务业绿色效益值的单一门槛($P=0.0000$)、双重门槛($P=0.0100$)、三重门槛($P=0.0050$)均在 1% 下通过了显著性检验。即新增固定资产对考虑减排的服务业绿色效益值的影响存在显著的门槛效应。当 LR 取值为 0 时，我们得到最优的门槛值，因此可以得到服务业新增固定资产的门槛变量以及其在 95% 水平下的置信区间，如表 6-10 所示。

表 6-10　门槛估计值和置信区间

因变量	门槛值	门槛估计值	95%的置信区间
绿色效益值	第一门槛	3.7149	[2.4928,3.8637]
	第二门槛	5.9841	[5.5123,5.9981]
	第三门槛	6.4559	[6.2672,6.6446]

通过上述估计和检验分析发现,固定资产投入门槛值 3.7149、5.9841、6.455 将河北省对涵盖交通运输邮电仓储业、批发零售、餐饮住宿和教育业的服务行业的新增固定资产划分为四个层次,不同的固定资产投资水平对服务行业的绿色效益值影响的方向和程度差异显著。当新增固定资产投入在 41.0545 亿元的以下时,新增固定资产的投入系数估计值为 0.1613,表明新增固定资产投入会促进我省服务行业的绿色效益值的增长;当新增固定资产介于 41.0545—397.065 亿元之间时,对应的估计系数为 0.0301＜0.1613,表明新增固定资产仍然可以促进我省服务行业的绿色效益值的增长,但是增长幅度减小;当新增固定资产介于 397.065—636.446 亿元之间时,对应的估计系数为－0.2999＜1,表明新增固定资产投入开始阻碍我省服务业的绿色效益值的增长,具有反作用;当新增固定资产投入高于 636.446 亿元时,对应的估计系数为－0.0233 仍然小于 1,表明新增固定资产仍然阻碍我省服务业的绿色效益值增长,但是阻碍力度减小。

综上所述,当将服务业的新增固定资产投入控制在 41.0545 亿元以内时能够带来最大的投入产出效率,得到最大的绿色效益值。

6.3.2　基于减排视角的京津冀服务业承接方式选择

产业转移和承接在产业自身和区域发展的双重压力下形成的产业或者产业链空间转移和扩展的过程。因此产业承接会受到来自产业发展和区域现状的双重影响。借助改进的产业梯度系数分析和脉冲响应分析,我们可以发现河北省承接服务业的发展特点以及产业承接的方式迥异。

通过分析交通运输邮电仓储业的区位商、比较劳动生产率、比较资本投入产出率、比较环境投入产出率和改进的产业梯度系数发现,该行业的专业化水平、资本利用率和盈利能力较外围地区具有较高的水平,这说明了河北省交通运输邮电仓储业具有较强的增长势头,但是其劳动力水平以及环境保护能力较低。该行业的发展受到了低碳环保绿色发展理念的冲击,该行业的环境治理和减排技术较差,想要取得长期可持续发展则要开展绿色生产技术的研发，改善环境治理能力，促进该行业的绿色发展。

从京津冀区域发展的功能定位及非首都核心功能疏解的政策角度分析，河北省作为京津地区的外围地区，从区域的功能讲是京津冀地区的功能延伸，河北省交通运输邮电仓储业担负着京津冀地区的流通功能。作为京津冀地区的"血液循环系统"，河北省要建设好空中流通集散中心、港口物流中心、仓储中转中心等交通运输中心，通过对交通运输功能的承担，缓解京津中心城市的流量压力，同时促进河北省经济的发展。

推进京津冀交通一体化，对于形成以快速铁路、高速公路为主体的快速运输大通道格局，培育干支结合的现代机场体系，建成分工合理、优势互补的现代港口群等，都将产生重大影响，必将有力促进区域内公路大对接、民航大联通、港口大融合。河北省与北京和天津相比，在公路技术等级和路网密度上还有较大差距。二级以上公路里程比例分别低 8 和 19 个百分点，公路密度分别低 44 和 42 公里，其中高速公路密度仅为北京的 1/2、天津的 1/3；河北还存在不少断头路、瓶颈路，京昆、京台、首都地区环线、京秦等高速公路均未全部打通。推进京津冀交通一体化，实现交通先行，河北必须补齐"短板"。

推进京津冀交通一体化，将使京津冀三地交通运输部门紧密合作，建立顺畅高效的协作机制，协调推进交通运输发展，有助于解决综合布设省市界治超点和运政执法站等问题，有助于建立更为顺畅的客运、物流体系，有助于加快形成京津冀交通管理智能化的现代化交通体系。推进京津冀交通一体化、建设综合交通支撑区，是实现京津冀协同发展的重要支撑，是推进京津冀协同发展的优先领域和先行领域，是构建现代综合交通网络的重要任务和客观需要，也是河北交通实现转型升级、绿色崛起的重要机遇。我们将牢牢把握机遇，积极主动作为，全力打造综合交通网络的支撑区，加快推进河北交通运输率先发展、超前发展、跨越发展，努力为京津冀协同发展提供坚实基础和强力支撑。

首先是加快互联互通，推进京津冀综合交通网络化发展。重点建设"两个网络"和"两个体系"。一是加快铁路网建设。重点构建覆盖全域的城际快速铁路网，加快推进京沈、京张等快速铁路项目建设；推进北京轻轨和地铁向我省延伸，重点推进通州至燕郊、大兴至北京新机场至固安等轻轨项目建设。二是加快公路网建设。重点加快北京大外环和京津冀区域大环线建设，打通京昆、京台等省际断头路，畅通大通道，推进沿太行山地区的北京门头沟至涉县高速公路建设。实施普通干线公路改造升级，加快与京津对接，缩小差距。同时，推动农村路网由"树状"型向"网状"型转变。三是加快港口体系建设，重点推进北京航运中心和环渤海冀津港口群建设，建设北京和腹地内陆港。四是加快机场体系建设，重点推进北京新机场建设和石家庄机场升级改造。

其次是加快对接步伐，推进京津冀交通一体化发展。一是推进规划一体化。统筹交通基础设施规划布局，突破行政界限，构建层次分明、功能完备、衔接顺畅的综合交通网络，形成"一张图"规划。二是推进管理一体化。建立区域综合交通运输管理机制，实现联合管理，提升运营效率，降低管理成本。三是推进服务一体化。实行"一票制"客运，推广多式联运的运输方式，引导货运企业向规模化、集约化、专业化发展，提高物流效率。

最后是致力科技创新，推进京津冀交通现代化发展。一是推进信息化智能化发展。加快建设区域智能化交通管理平台，尽快实现客运联网售票，确保年内实现我省高速公路 ETC 车道覆盖率达到 100%，力争 2017 年实现京津冀公交"一卡通"。二是推进低碳化、集约化发展。建设低碳、环保、绿色交通。全面提升公路沿线绿化水平，新增公交车全部使用节能环保新能源或清洁燃料车辆。

批发零售餐饮住宿无论是在专业化程度还是生产要素上都表现出了明显的竞争优势，在产业承接中要做好制度体系建设，将京津地区的先进技术和优秀人才一起进行承接，促进承接行业和本地行业进行更好的融合。抓住行业发展的黄金时期，积极引导资源要素流入到该行业，出台相关的鼓励政策大力发展商品流通和周转，打造国际商贸流通中心。

新发展，人才为先。人才一体化发展，是实现京津冀协同发展战略目标的智力支撑和重要保障。2017 年 4 月 27 日，京津冀人才一体化发展部际协调小组第二次会议在天津召开，会议审议了《京津冀人才一体化发展规划（2017—2030 年）》。中组部人才局有关负责人在会上表示，此次审议的《京津冀人才一体化发展规划（2017—2030）》是我国人才发展史上第一个区域性人才发展规划，也是服务于国家重大发展战略的第一个专项人才规划，对于更好实施京津冀协同发展战略具有重大意义。

　　京津冀地区向来是我国人才资源最富集的地区之一。截至 2015 年底,京津冀地区拥有全国 1/2 的"两院"院士、1/4 的国家"千人计划"入选者、1/3 的国家"万人计划"入选者。在京津冀协同发展持续加速的当下,破除区域之间人才资质不互认、人才政策不衔接、高端人才分布不均匀、人才流动不顺畅的困局,迫在眉睫。中央对推动京津冀人才一体化发展高度重视,中共中央政治局常委赵乐际在 2017 年召开的中央人才工作协调小组第 44 次会议上就强调,要围绕京津冀协同发展战略,指导京津冀研究制定区域人才协调发展规划。区域经济一体化带来的人才一体化,是社会生产力发展的客观要求和科技进步的必然结果。长三角地区的发展,就得益于上海很好地发挥了辐射、带动周边地区的龙头作用,在区域内实现了人才、资本、产业的多向流动,进而带来了整体经济繁荣。

　　然而,在京津冀地区,由于在经济发展水平和产业布局上存在较大落差,人才流动的总体趋势是河北流向京、津,尤其集中于北京。一直以来,北京对人才的虹吸效应,一直让津、冀两个近邻倍感压力。"引起京津冀人才资源分布不均衡的因素很多,区域之间人才资质不互认、人才政策不衔接、人才市场不统一等问题是重要原因。还有一个原因是,北京是首都,人才流动、成果转化都是面向全国的,这就进一步造成了河北的'灯下黑'。"河北省廊坊市常务副市长贾永清说,"守着京津两大都市,我们却很难吸引高端人才"。"'大城市病'、虹吸效应带来的往往是人才浪费——高端人才都争着进入政府部门、高校、国企,为的是落户北京、享受公共服务,并不必然为北京带来效益。"中国人事科学研究院原院长吴江忧心忡忡地说。"'京津冀协同发展'战略的提出,特别是雄安新区的设立,目的就是促使要素资源在三地能够多向自由流动,缩小京津冀之间的发展差距,从而在根本上破除这种虹吸效应。"贾永清肯定地说。

　　教育业较外围地区存在明显劳动力、资本等生产要素优势,即河北省的教育受到了省内的高度重视和发展,但是受到京津两地高校的挤压,河北省的高等教育资源相对比较落后,落户的高校数量较少,生源参差不齐,缺乏高层次人才和学校,正值疏解北京非首都功能的时刻,北京市教育饱和趋势越发明显,因此河北省要构建高校聚集区积极承接北京地区转出的高校的建设,积极引进高等教育人才,促进高等教育的大力发展。

　　在基础教育领域,三地将充分发挥京津基础教育优质资源的辐射带动作用,不断优化区域内基础教育学校布局,努力缩小区域、城乡间教育发展差距。北京一批优质的中小学在津冀开办分校或与两地中小学联合办学。北京市西城区与河北省保定市政府,北京市海淀区与河北省张家口市政府间签署了教育合作协议,北京市大兴区、天津市北辰区与河北省廊坊市政府间联合成立了三区市教育联盟,采取学校联盟、结对帮扶、开办分校等方式开展跨区域合作,整体提升学校管理水平。天津市武清区引进北大公学项目,成立北京师范大学基础教育实验学校;天津市东丽区先后与北京北大方正教育集团、北大附中签订合作协议,引进优质学前教育机构,建立北大附中东丽湖学校。北京市景山学校、北京五中、八一学校、北京八中、史家胡同小学等在河北省唐山市曹妃甸协同发展示范区,廊坊市香河、大厂、永清、固安以及保定等县市建分校,北京景山学校曹妃甸分校等 3 所学校已经在 2016 年9 月实现招生。通州教委副主任王秀东介绍,目前通州 3 所中学、4 所小学已经与津冀地区的中小学形成共同体联盟,这一范围今后还将继续扩大。

　　三地在优质教育资源共享,数字课堂,师资培训,学生交流等方面都进行了深度合作。实施了"河北省千名中小学骨干校长教师赴京挂职学习"项目,河北省每年输送 200 人到北京市中小学校跟岗学习培训,连续开展五年;河北省阜平县纳入北京市"老校长下乡活动"覆盖范围;首都师范大学为平山、阜平两县培训骨干教师,派出学生置换一线教师到首都师范大学进行研修;河北省邯郸市 10 余名中小学校长到南开中学、天津一中等五所学校跟岗学习,大大提升了河北省教师教学管理水平。北京"数字学校"云课堂向天津和河北开放,京津冀三地中小学生可以共享北京基础教育优质数字资源。河北省唐山市率先接入北京数字学校平台系统,使全市 1470 所中小学,1.2 万名教师及教研人员,近 80 万名中小学生受益。

　　除中小学合作办学外,京津冀三地还在职教领域建立跨区域职教集团,进行区域产业布局调整和优化升级,加快深化产教融合、校企合作、校校合作。河北省 6所交通类职业学校加入北京交通职业教育集团,京津冀卫生职业教育协同发展联盟和京津冀艺术职业教育联盟也相继成立。去年,京津冀"互联网＋"职业教育集团成立,成员包括北京市丰台区职业教育中心、天津市东丽区职业教育中心学校、河北省阜平县职教中心等多家京津冀地区学校和企业。由天津轻工职业技术学院牵头成立了京津冀模具现代职业教育集团,包括京津冀三地模具协会、三地院校及训练(培训)中心 24 所(个)、三地企业及科研院所 38 个。三地还联合成立了北京城市建设与管理职业教育集团,吸引了 100 余家企事业单位、行业协会、职业院校、高等学校、科研院所加盟。北京市朝阳区分别与河北省唐山市、承德市签署了职业教育战略合作协议。北京市劲松职业高中、北京市电气工程学校、北京市求实职业学校分别与唐山市第一职业中专、曹妃甸区职教中心、迁安职教中心开展合作。

据不完全统计,2015 年北京市共有 18 所中职校与河北省、天津市的 57 所职业院校开展了合作,2016 年北京市与河北省超过 10 对职业学校达成了合作意向,合作专业涉及楼宇智能、客户信息服务、旅游服务与管理等 17 个专业,合作内容包括技能人才培养、教师队伍建设、科教研合作等。三地联合推动师资培养,共享实习实训基地。截至目前,有 22 名邯郸市中职校校长在北京市相关职业院校担任"影子校长";河北省石家庄、唐山、张家口、邯郸等地组织职业院校干部教师赴天津市学习培训。2016 年北京市职业院校物流专业共享型实训基地面向津冀地区职业院校免费开放。北京大外环高速情况如图 6-3 所示。

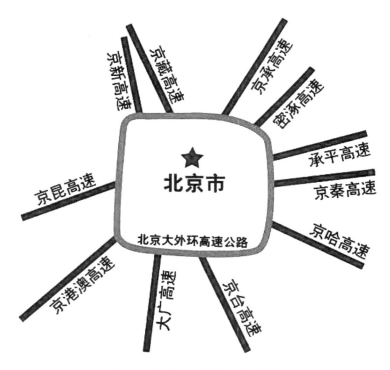

图 6-3　北京大外环高速(资料图)

6.3.3　基于减排视角的河北省承接服务业的发展路径

根据对河北省的服务业的门槛回归分析,我们可以得出以下结论:

当其他条件不变时,将服务业的新增固定资产投入控制在 41.0545 亿元以内时能够带来最大的投入产出效率,得到最大的绿色效益值。目前河北省对服务业的新增固定资产投资已经远远超过了 41.0545 亿元的较高水平,在一定程度上表现出阻碍作用,存在投资浪费,固定资产堆积的问题。因此为了促进河北省服务业的转型升级和能够采取正确的方式方法做好对京津地区的产业承接,河北省应积极响应国家政策,适当减少新增固定资产投资,优化投资构成。

本书研究的服务业主要包含交通运输仓储物流业、批发零售餐饮住宿业和教育业三个细分行业,针对目前三个行业发展的现状我们可以发现,支撑服务业的基础设施在河北省基本完善,过多的投入会阻碍河北省服务业的绿色效益值的增加。在之后的发展中河北省要全面调动政府、社会组织和企业的积极性通过市场自我调节机制进行合理的固定资产的分配和使用,提高资源的利用率,降低过度耗费。

固定资产投入过量导致投资浪费,河北省应该进行服务行业的整合发展,积极排查现有服务业的固定资产设施及其利用状况,根据会场需求以及承接产业的功能性导向,围绕邯郸市冀南新区、廊坊物流园区、曹妃甸协同发展示范区、唐山高新技术产业开发区、秦皇岛经济技术开发区等产业园区以及产业集聚区,重点进行商贸物流中心建设,批发中心等综合服务市场。通过资源整合,降低固定资产的投资力度,促进服务业获得最优绿色效益产值。

第 7 章

基于减排视角的河北省制造业绿色发展路径分析

21世纪,经济全球化趋势愈演愈烈,资源环境矛盾日渐激化,世界各国纷纷着手进行研发理念的革新和技术手段的升级。从世界范围来看,欧美国家的"工业4.0""绿色供应链""低碳革命"以及日本的"零排放"等理念引领了全球制造业创新升级、绿色发展的新方向。改革开放以来,中国工业经济取得的发展成就有目共睹,经济总量跃居世界第二,众多主要经济指标名列世界前列。但是,也必须同时客观地认识我国工业经济发展规模大而不强,发展增速快而不优的问题。这主要是由于要素驱动、投入驱动的收益回报递减,难度加大,同时还产生了资源匮乏、生态破坏等非期望产出。"十二五"以来,中国的资源禀赋结构发生了一系列变化——土地资源日益稀缺,劳动力价格大幅上涨,资源禀赋优势逐渐丧失,而且粗放式发展对生态环境造成的不可逆破坏日益凸显。可见,传统意义上的依靠资源禀赋推动经济增长和规模扩张的粗放型发展方式已经不再适合中国的发展,因此,我国经济要注重从以要素驱动、投资规模驱动为主的发展方式向以创新驱动、研发驱动为主的发展方式转变,积极地响应"中国制造2025"的发展号召。

过去河北省装备制造业凭借劳动力、土地等资源禀赋优势获得较好的发展。2015年河北省装备制造产业产值连续第二年超过万亿元。其中,河北省装备制造业中4516家规模以上的企业完成工业总产值10832.02亿元,同比增长5.95%;销售产值10569.83亿元,同比增长5.34%;工业增加值2667.61亿元,同比增长6.99%。然而,河北省装备制造业发展最为依赖的能源给大气环境带来了沉重的负担。京津冀地区雾霾天气频现,空气质量堪忧,资源环境严重超载,亟须对河北省装备制造业的环境效益和企业的研发能力等方面提出更高和更严格的要求。因此,河北省装备制造业必须在新常态基础上,依靠创新驱动、技术研发来实现提质增效的跨越式发展。

在气候保护和经济危机并存的背景下,通过技术研发、创新驱动等方式促进制造业发展是毋庸置疑的,然而制造业企业的 R&D 活动经费究竟如何分配、具体投资在哪些方面,是软件方面还是硬件方面,是技术方面还是机器设备方面,鲜有学者研究。本书首先通过建立向量自回归模型,运用脉冲响应分析 R&D 软件支出、R&D 硬件支出与装备制造业绿色效益值之间的动态变化关系,进一步用方差分解预测 R&D 软件支出、R&D 硬件支出对装备制造业绿色效益值的方差贡献程度。再建立面板门槛回归模型,利用河北省装备制造业 7 个细分行业 1996—2013 年的数据,检验 R&D 硬件支出对河北省装备制造业绿色效益值提升的增长效应,并确定其门槛值。以碳排放约束下的河北省装备制造业的绿色发展为例,为装备制造业绿色发展过程中研发支出投资方向的政策制定提供理论依据和支持。

7.1　河北省机械制造业发展水平测算

（1）度量指标选择

基于河北省制造业转型升级和资源环境问题突出的双重压力,在创造可观经济效益的同时,国家和社会对机械制造业企业的环境效益提出了更高的要求。因此,本书在度量河北省机械制造业发展状况时充分考虑到其环境效益,将企业由于碳排放所支付的费用[①]纳入这一衡量指标,最终将规模以上机械制造业企业实现的工业总产值与碳排放支付费用做差所得的差值定义为河北省机械制造业的效益值作为度量指标。

《2006 年 IPCC 国家温室气体清单指南》介绍了估算化石燃料燃烧温室气体排放的三种方法,本书采用其中的一种方法进行碳排放核算。本书测算的碳排放量

---

① 碳排放权交易的概念源于 20 世纪 90 年代经济学家提出的排污权交易概念,排污权交易是市场经济国家重要的环境经济政策,2011 年 10 月国家发改委印发《关于开展碳排放权交易试点工作的通知》,批准北京、上海、天津、重庆、湖北、广东和深圳七省市开展碳交易试点工作。2016 年 1 月,国家发改委发言人表示,全国碳排放交易市场启动已经进入倒计时,发改委起草的《碳排放权交易管理条例》去年 12 月已正式报国务院审议,2016 年将加快推进该条例出台,抓紧制定各项配套细则和标准,确保 2017 年全国碳排放交易市场启动运行。

是河北省能源消费产生的碳排放(二氧化碳),其涉及的终端能源消费包括煤炭、石油、天然气、水电和其他能源五类。其中只有煤炭、石油、天然气计入碳排放。河北省碳排放测算公式为:$C = \sum_{i=1}^{3} C_i = \sum_{i=1}^{3} E_i * \eta_i$,式中 C_i 为第 i 类能源的碳排放量,E_i 为第 i 类能源的消费量,η_i 为第 i 类能源的排放因子,$i = 1, 2, 3$ 分别表示煤炭、石油和天然气。其中碳排放因子采用国家发改委能源研究所公布的数据,煤炭、石油、天然气的碳排放因子分别为 0.7476、0.5825、0.4435。而碳价的制定依据目前国内碳权交易市场的均价——23 元/吨标准煤。

在因素指标的选择上,鉴于数据的可获得性,用劳动力成本表示劳动力投入,每年的新增固定资产总额表示资本投入,技术开发支出总额表示技术投入。

(2) 数据来源

本书所有数据均来源于国研网统计数据库、国家统计局数据库及历年的河北经济年鉴。

7.2 河北省机械制造业发展路径选择

为了明确河北省机械制造业基于碳排放的发展路径选择,本书采用 VAR(向量自回归)模型确定河北省机械制造业效益值、劳动力、资本及技术四个要素之间的关系,从而增加对河北省机械制造业发展贡献较大的资源要素的投入,并进一步明确河北省机械制造业的发展路径。

7.2.1 单位根的检验

VAR 模型的一般形式是:$y_t = c + \sum_{i=1}^{k} A_i y_{t-1} + \varepsilon_t$,其中,$\varepsilon_t$ 为 k 阶随机扰动项。建立 VAR 模型时,变量必须具有平稳性。为消除单位的影响,对河北省机械制造业的效益值、劳动力成本、新增固定资产以及技术开发支出做对数处理。根据数据图形选取适当的截距项和趋势项。用 xyz、$ldcb$、$xzzc$、$jszc$ 分别代表河北省规模以上机械制造业企业实现的效益值、劳动成本投入、新增固定资产、技术开发支出,用 ∇xyz、$\nabla ldcb$、$\nabla xzzc$、$\nabla jszc$、$\nabla_2 xyz$、$\nabla_2 ldcb$、$\nabla_2 xzzc$、$\nabla_2 jszc$ 分别表示 5 个序列的一阶和二阶差分。然后对五个序列进行单位根检验。单位根检验结果如表 7-1 所示:

表 7-1　单位根检验结果

变量	滞后阶数	ADP 统计量	临 界 值			是否为单位根
			1%	5%	10%	
效益值	xyz	−1.943521	−4.728363	−3.759743	−3.324976	是
	∇xyz	−3.588660	−4.667883	−3.733200	−3.310349	是
	$\nabla_2 xyz$	−5.112185	−4.992279	−3.875302	−3.388330	否
劳动力成本	$ldcb$	−3.006482	−4.667883	−3.733200	−3.310349	是
	$\nabla ldcb$	0.401005	−4.886426	−3.828975	−3.362984	是
	$\nabla_2 ldcb$	−5.236410	−4.886426	−3.828975	−3.362984	否
新增固定资产	$xzzc$	−2.052273	−4.728363	−3.759743	−3.324976	是
	$\nabla xzzc$	−3.079533	−4.667883	−3.733200	−3.310349	是
	$\nabla_2 xzzc$	−7.812715	−4.728363	−3.759743	−3.324976	否
技术开发支出	$jszc$	−2.237443	−4.728363	−3.759743	−3.324976	是
	$\nabla jszc$	−3.555489	−4.667883	−3.733200	−3.310349	是
	$\nabla_2 jszc$	−5.150458	−4.728363	−3.759743	−3.324976	否

　　根据单位根检验结果可知,河北省机械制造业的效益值、劳动力成本、新增固定资产及技术开发支出均满足二阶单整,即 4 个时间序列满足长期平稳的条件。且四者之间是否存在协整关系,可用 Johansen 检验法进行检验。从检验结果(见表 7-2)可以看出,河北省机械制造业企业的效益值、劳动力成本、新增固定资产、技术开发支出之间存在协整关系,说明这四个时间序列存在长期均衡关系。

表 7-2　效益值、劳动力成本、新增固定资产、技术开发支出的 Johansen 协整检验

假设无协整	特征值	迹统计量	0.05 临界值	P 值
没有协整 *	0.999041	172.7978	55.24578	0.0000
最多一个 *	0.933021	61.60485	35.01090	0.0000
最多两个	0.534129	18.35080	18.39771	0.0508
最多三个 *	0.318240	6.129245	3.841466	0.0133

注:* 表示在 0.05 的显著性水平下拒绝原假设。

7.2.2　基于脉冲响应的河北省机械制造业发展路径的短期选择

　　经过格兰杰因果检验之后,得到河北省机械制造业效益值、劳动力成本、新增

固定资产及技术开发支出之间存在格兰杰因果关系,为避免其相关关系,本书采用脉冲响应进行分析。

VAR 模型的一般形式是:$y_t = c + \sum_{i=1}^{k} A_i y_{t-1} + \varepsilon_t$,其中,$\varepsilon_t$ 为 k 阶随机扰动项。VAR 模型可以测算出系统内所有变量的滞后期对其他变量的解释程度。本书分别以河北省机械制造业效益值、劳动力成本、新增固定资产及技术开发支出为因变量,以具有格兰杰因果关系的变量为自变量建立 VAR 模型,根据赤池信息准则(AIC)和施瓦茨(SC)准则,选取最佳滞后期为 2。理论上,VAR 模型的建立必须满足稳定性条件。而 VAR 模型稳定的条件是特征方程 $|A - \lambda Z| = 0$ 的根都在单位圆以内,通常用 AR 根图来检验模型的稳定性。如果 VAR 模型所有的根模倒数都小于 1,即都在单位圆内,说明模型是稳定的,系统估计的脉冲响应结果才是有效的。经检验,VAR 模型的特征根的模倒数均位于单位圆内,即 VAR 模型的特征根的模倒数小于 1,即 VAR 模型满足稳定的条件。如图 7-1 和表 7-3 所示:

表 7-3　VAR 模型的特征根和模

特征根	模
$0.969314 - 0.130083i$	0.978004
$0.969314 + 0.130083i$	0.978004
-0.940774	0.940774
$0.491940 - 0.484859i$	0.690719
$0.491940 + 0.484859i$	0.690719
-0.411252	0.411252
-0.337364	0.337364
0.242966	0.242966

脉冲响应函数(IRF)能够全面反映各变量之间的动态关系。具体来说,它描述的是在随机误差项上施加一个标准差大小的冲击(来自系统内部或外部)后,对内生变量的当期值和未来值所产生的影响(动态影响)。本书对河北省机械制造业效益值、劳动力成本、新增固定资产及技术开发支出进行脉冲响应分析,以稳定的 VAR 模型为基础,分析结果如图 7-2 所示,其中图中横轴代表冲击作用的滞后阶数,纵轴代表脉冲响应水平,实线表示被解释变量对解释冲击的反应,虚线表示正负两倍标准差偏离带。

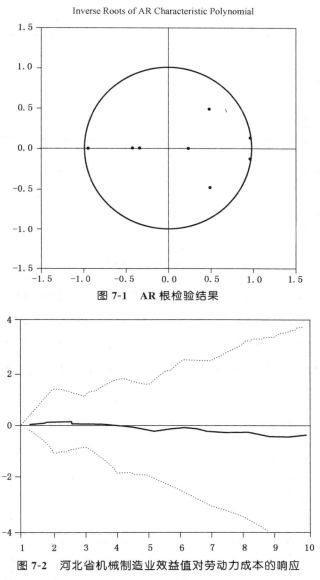

图 7-1　AR 根检验结果

图 7-2　河北省机械制造业效益值对劳动力成本的响应

由图 7-2 可知,当本期给劳动力成本一个新息冲击后,河北省机械制造业的效益值会在短时期内产生一个正向的波动,在第二期到达最高点后开始下降,并在第四期左右跌落至水平线以下,之后一直产生持续的负向波动。这说明增加劳动力能在短时期内促进河北省机械制造业的发展,但随着中国资源禀赋结构的改变,劳动力禀赋优势逐渐丧失以及劳动力成本的不断提高,从长远来看,劳动力成本将阻碍河北省机械制造业的发展。

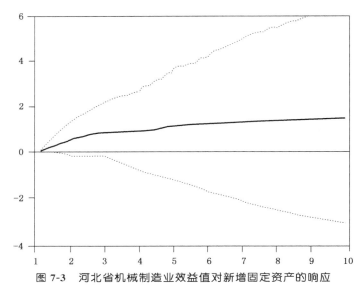

图 7-3　河北省机械制造业效益值对新增固定资产的响应

由图 7-3 可知,当本期新增固定资产受到某个外界新息冲击后,河北省机械制造业的效益值出现明显的正向波动,且这种波动是长期持续并有效的。可以得出,从长远来看,增加固定资产的投资将会对河北省机械制造业的发展起到很好的促进作用。

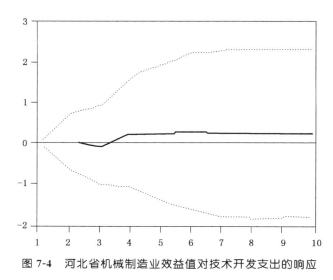

图 7-4　河北省机械制造业效益值对技术开发支出的响应

由图 7-4 可知,当本期给技术开发支出一个新息的冲击后,河北省机械制造业效益值首先会产生一个短时期的正向波动,在第三期左右会跌至水平线以下并产生一个短时间的负向波动,然后再次跨过水平线产生正向波动,而且此次波动持续时间较长,最后趋于平缓。可以分析得出,技术开发支出短期内对河北省机械制造业效益值提高的影响不稳定,但长期来看,会对其发展产生一个较明显的正向促进作用。

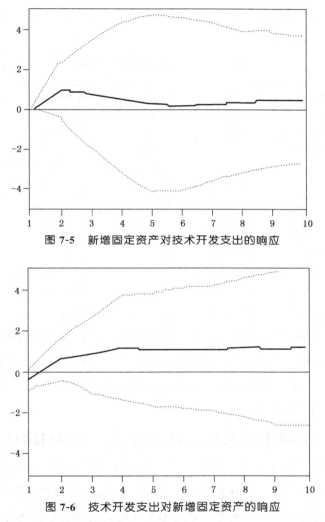

图 7-5　新增固定资产对技术开发支出的响应

图 7-6　技术开发支出对新增固定资产的响应

由图 7-5 可知,当本期给技术开发支出一个新息冲击后,新增固定资产会昌盛持续的正向波动,在第二期达到峰值,之后在水平线附近波动。结合图 7-6 分析,当本期给新增固定资产一个新息冲击后,技术开发支出会产生由负变正的持续正向波动,且促进效果明显。

7.3 方差分解

脉冲响应函数能够捕捉到 VAR 模型中某个内生变量的冲击给其他内生变量所带来的影响,而方差分解可以将 VAR 系统中变量方差分解到各扰动项上,从而反映扰动因素影响 VAR 模型中各变量的相对程度或贡献程度。VAR 模型的方差分解图如表 7-4 所示:

表 7-4　VAR 模型的方差分解图

期数	标准误差	效益值	劳动力成本	新增固定资产	技术开发支出
1	0.468010	100.0000	0.000000	0.000000	0.000000
3	0.587218	74.84879	0.012940	6.576104	18.56216
5	0.653902	67.00500	0.163799	15.67646	17.15474
10	0.767952	58.64125	0.933763	24.46067	15.96431
15	0.850462	54.35011	1.496873	28.89528	15.25774
20	0.917724	51.65395	1.864336	31.66302	14.81869
25	0.974060	49.81043	2.116721	33.55392	14.51893
30	1.021936	48.47720	2.299340	34.92128	14.30218
35	1.063036	47.47342	2.436844	35.95075	14.13899
40	1.098585	46.69451	2.543542	36.74958	14.01236
45	1.129511	46.07584	2.628291	37.38408	13.91179
50	1.156540	45.57527	2.696862	37.89746	13.83041

分析方差分解的结果可知,随着时间的推移,新增固定资产对河北省机械制造业的效益值提高的贡献率最大,并基本稳定在 37% 左右,其次是技术开发支出,贡献率在 14% 左右,最小的是劳动力成本,贡献率在 2.5% 左右。这一结果基本符合脉冲响应函数的分析结果。

7.4 基于门槛回归模型的河北省机械制造业发展路径的长期选择

本书曾设想技术开发支出应该是提高河北省机械制造业效益值的最关键因素,但基于上述的研究结果,从长期来看,新增固定资产投资的贡献值最大,而且目前学者们对于新增固定资产投资对机械制造业效益值的影响是否存在门槛效应并没有深入的分析和论证。基于上述的分析,本书提出如下假设:

在其他因素不变的情况下,随着新增固定资产的增加,新增固定资产与河北省机械制造业效益值之间表现为先减后增的非线性关系。在实证研究过程中可能会出现多重门槛,但首先假定单一门槛模型,多重门槛可由单一门槛扩展而得。

借鉴 Hansen(1999)面板门槛模型的设计思路,构建新增固定资产对河北省机械制造业效益值增长的门槛回归模型:$\ln xyz_{it} = \theta_1 \ln xzzc_{it} I(xzzc_{it} \leqslant \gamma) + \theta_2 \ln xzzc_{it} I(xzzc_{it} > \gamma) + \beta_1 \ln jszc_{it} + \beta_2 \ln ldzb_{it} + \varepsilon_{it}$,本书为了探究新增固定资产对于河北省机械制造业效益值的提高是否存在门槛效应,因此选取 $xzzc_{i,t}$ 同时为解释变量和门槛变量,$\ln jszc_{it}$、$\ln ldcb_{it}$ 为控制变量,γ 为相应的门槛估计值。$I(\cdot)$ 为指标函数,如果括号中的式子成立,则 I 取 1,否则取 0。$\varepsilon_{i,t}$ 为随机干扰项,θ_1、θ_2、β_1、β_2 均为参数。

在数据的选择上,选择河北省机械制造业所包含的七个子行业(金属制品业、通用设备制造业、专用设备制造业、交通运输设备制造业、电气机械及器材制造业、通信设备、计算机及电子设备制造业、仪器仪表及办公用机械制造业)1996—2013年共 18 年共 126 个样本进行回归分析。各变量的描述与统计结果如表 7-5 所示:

表 7-5　主要变量的描述性统计(1996—2013)

变量	变量含义	均值	标准差	最大值	最小值	观测数
xyz(因变量)	效益值	14.22308	1.573993	17.00984	9.825526	126
$xzzc$(自变量)	新增固定资产	11.23982	2.397641	15.72637	6.023448	126

注:相应数据均已做对数处理。

门槛效应检验如下:

为了确定模型的具体形式,首先需要确定是否存在门槛值以及门槛值的个数。按照 Hansen 所提供的方法,本书采用 stata12.0 软件进行模型检验与估计,依次在不存在门槛、一重门槛、双重门槛以及三重门槛的设定下对该模型进行估计和检验。检验结果如表 7-6 所示:

表 7-6　门槛效果检验

自变量	因变量	模型	F 值	P 值
新增固定资产	效益值	单一门槛	5.5088	0.0240
		双重门槛	3.8911	0.0260
		三重门槛	5.9285	0.0120

注:P 值采用"自抽样法"(Bootstrap)反复抽样 300 次所得。

由上表可知：当门槛变量为新增固定资产时，河北省机械制造业效益值的单一门槛、双重门槛、三重门槛效应均显著，即存在三重门槛效应。

根据门槛模型原理，门槛估计值是似然比检验统计量 LR 为零时门槛变量的取值，表 7-7 列示了各门槛变量估计值及其 95％的置信区间，由表 7-7 可知：

表 7-7 门槛估计值和置信区间

因变量	门槛值	门槛估计值	95％的置信区间
	第一门槛	7.7993	[7.7231,8.1039]
效益值	第二门槛	10.6172	[8.1801,15.2630]
	第三门槛	13.9683	[8.1801,15.2630]

经检验，新增固定资产规模对于河北省机械制造业效益值的正向促进作用的确存在门槛值，而且为三重门槛。这为基于环境效益的河北省机械制造业产业发展路径的选择提供了理论依据。

根据脉冲响应结果分析，长期来看，新增固定资产对基于环境效益的河北省机械制造业效益值提高的贡献程度最大。尽管目前来看，由于受外需大幅萎缩、内需低迷以及房地产市场周期性调整等因素的影响，2015 年我国包括工业固定投资在内的固定资产投资累计增速呈现"逐月放缓"的态势。但是，从长期来看，各机械制造业企业仍然要加大对新增固定资产的投资。

"十三五"期间是河北省制造业转型升级的关键时期，河北省政府和机械制造业企业要加强配合，共同促进新增固定资产稳步增长，推进机械制造业的转型升级。目前，河北省装备制造业已超过钢铁行业成为第一大支柱产业。河北省工信厅规划处副处长牛占冀表示，当前装备制造工业与钢铁并驾齐驱成为河北两大支柱性产业，装备制造业已成为河北工业经济发展的第一引擎。"十三五"期间，装备制造业将大力发展先进装备制造业，推进形成以高端成套装备为主体、关键核心零部件为基础、智能制造装备为引领的河北高端装备产业体系。到2020 年，装备制造业工业增加值达到 5000 亿元。此外，"十三五"期间河北将建立绿色制造推进体系。到 2020 年，河北将创建 10 家绿色工业园区和 100 家绿色工厂，建设 100 个能源管控中心，绿色制造水平明显提升，以企业为主体的绿色制造体系初步建立。

我国对外贸易依存度较高,投资形势与出口状况关系紧密。因此需要搞好出口,消耗存量,减少库存。政府要扩大固定资产加速折旧优惠范围。加大对传统产业投资的支持力度,将加速折旧优惠政策扩大到机械制造业,激发企业投资和设备更新改造的积极性,推进重大项目的建设,促进产业结构优化升级。总之,政府要采取积极的扶持政策增强企业自主投资的意愿,尤其是激发民间资本投资活力,积极稳妥地推进政府与社会资本合作的模式。

另一方面,政府继续落实简政放权政策,简化投资审批事项,深化投资审批制度改革,提高审批的效率,促进固定资产投资健康运行。在投资项目的选择上,各机械制造业企业要减少对高耗能、高污染产业的投资,优化投资结构,以增加有效投资。

7.5 碳排放约束下 R&D 软、硬件支出对装备制造业发展的作用

过去河北省装备制造业凭借劳动力、土地等资源禀赋优势获得较好的发展。2015 年河北省装备制造产业产值连续第二年超过万亿元。其中,河北省装备制造业中 4516 家规模以上的企业完成工业总产值 10832.02 亿元,同比增长 5.95%;销售产值 10569.83 亿元,同比增长 5.34%;工业增加值 2667.61 亿元,同比增长 6.99%。然而,河北省装备制造业发展最为依赖的能源给大气环境带来了沉重的负担。京津冀地区雾霾天气频现,空气质量堪忧,资源环境严重超载,亟须对河北省装备制造业的环境效益和企业的研发能力等方面提出更高和更严格的要求。因此,河北省装备制造业必须在新常态基础上,依靠创新驱动、技术研发来实现提质增效的跨越式发展。

关于环境规制、技术创新及经济增长的研究可以追溯到 20 世纪 70 年代。Magat 最早提出技术创新是解决环境保护和企业经济效益间权衡的重要决定因素。90 年代初,Porter 提出"波特假设",认为合理的环境规制政策可以长期刺激企业技术创新,引起广泛讨论。江珂认为环境规制是一把双刃剑,对技术创新既有激励作用,又有阻碍作用。Wang Zhixin、Liang Cui 和 Zhao Jingfeng 测度了科技投入绩效、制度环境对碳排放强度的影响方向、程度和地域差异。Fang Y P 和 Deng W 研究了影响碳强度的关键性因素,测算了一次能源消费量、煤炭所占份额、经济增长以及技术进步对碳强度的影响,并分地区进行了比较分析。作为国民

经济的支柱产业,制造业的发展对于中国经济举足轻重。同时,中国制造业能源消费和碳排放总量占到工业部门的 60%。因此,学者们针对新形势下制造业的发展也展开了深入研究。Viki Sonntag 提出制造业企业应该把握生产过程中的主流研发支出路线,寻找替代能源,倡导资源再利用,降低制造业的资源消耗。Mellissa M Aplleyard 和 Clair Brown 认为制造业的可持续发展必须强调人力资源的充分发展,提高全员生产率。Susumu Fujji 提出通过高产量的柔性制造系统来提升本国制造业的国际竞争力。孙理军、陈劲、王恒彦从比较优势要素与交易市场角度进行研究,认为中国低研发支出制造业的发展路径并不是"中国制造",而是先进制造等。朱永彬、王铮基于经济增长理论与最优控制模型的结合,模拟分析了我国在给定碳排放配额的情况下,用研发投入来控制碳排放的路径,以实现经济的平稳增长和气候保护的双重目标。孙峰、王有志、余景亮基于医药制造业的面板数据,测算全国医药制造业研发经费的产出弹性,探寻我国医药制造业创新发展现状与规律,并提出创新发展对策。戴小勇、成力为利用近 30 万家工业企业数据,实证研究了财政补贴与企业研发投入之间复杂的非线性关系,得出对于制造业国有企业来说,财政补贴占企业研发投入的最佳比例范围是 13.45%～27.75%。蔡瑞林、陈万明、陈圻运用程序化扎根理论方法,提出管理要素的整合变革是低成本创新驱动制造业高端化的可能路径。朱俏俏、孙慧、王士轩以资源型产业和制造业的分类为出发点,通过计量经济方法分析碳排放与工业经济发展的关系,得出"资源型产业转型升级——制造业产业能源结构调整优化——低能耗低污染高效率的高端制造业"的产业发展路径。陈晓飞着眼于研发投入门槛,检验 FDI 对于二氧化碳排放影响的门槛效应,结果表明研发投入可以显著地降低二氧化碳的排放量。黄训江从产业聚集的两个维度,构建产业聚集对高技术产业研发投入强度影响作用的计量模型,进而利用面板数据进行参数估计,并实证检验了高技术产业的规模聚集与空间聚集与其投入强度的倒"U"型关系。

综上所述,在气候保护和经济危机并存的背景下,通过技术研发、创新驱动等方式促进制造业发展是毋庸置疑的,然而制造业企业的 R&D 活动经费究竟如何分配、具体投资在哪些方面,是软件方面还是硬件方面,是技术方面还是机器设备方面,鲜有学者研究。本书首先通过建立向量自回归模型,运用脉冲响应分析 R&D 软件支出、R&D 硬件支出与装备制造业绿色效益值之间的动态变化关系,进一步用方差分解预测 R&D 软件支出、R&D 硬件支出对装备制造业绿色效益值的方差贡献程度。再建立面板门槛回归模型,利用河北省装备制造业 7 个细分行业 1996—2013 年的数据,检验 R&D 硬件支出对河北省装备制造业绿色效益值提升的增长效应,并确定其门槛值。以碳排放约束下的河北省装备制造业的绿色发展为例,为装备制造业绿色发展过程中研发支出投资方向的政策制定提供理论依据和支持。

7.5.1　R&D 软、硬件支出与绿色效益值动态关系模型构建

为了明确碳排放约束下 R&D 软件支出、R&D 硬件支出分别与装备制造业绿色效益值之间的动态变化关系,以及两者对于装备制造业绿色效益值的预测方差贡献程度,本书选取脉冲响应和方差分解的方法进行分析。首先需要建立向量自回归(VAR)模型。VAR 模型的一般形式是:

$$y_t = c + \sum_{i=1}^{k} A_i y_{t-1} + \varepsilon_t, \tag{7-1}$$

其中,ε_t 为 k 阶随机扰动项。

(1) 被解释变量及数据选取

经济发展的新形势下,装备制造业面临提质增效和资源环境的双重压力,在创造可观经济效益的同时,国家和社会对装备制造企业的环境效益提出了更高的要求。因此,本书在测度河北省装备制造业发展水平时充分考虑到环境效益,将企业由于碳排放所付出的费用纳入这一度量指标,最终将河北省规模以上装备制造业企业所实现的工业总产值与碳排放付出费用做差所得的差值作为度量河北省装备制造业绿色效益值的指标。

根据《2006 年 IPCC 国家温室气体清单指南》中介绍的方法来测算河北省装备制造业的二氧化碳排放量,因为涉及的终端能源消费中只有煤炭、石油、天然气计入碳排放,所以二氧化碳排放量的测算公式为:

$$C = \sum_{i=1}^{3} C_i = \sum_{i=1}^{3} E_i * \eta_i \tag{7-2}$$

其中,C_i、E_i、η_i 分别表示第 i 类能源的碳排放量、消费量和碳排放因子,$i=1$,2,3 分别表示煤炭、石油和天然气。其中碳排放因子采用国家发改委能源研究所公布的数据,煤炭、石油、天然气的碳排放因子分别为 0.7476、0.5825、0.4435。碳

价的选取则参照天津市碳权交易市场的价格。因此,绿色效益值的计算公式为:绿色效益值＝工业总产值－二氧化碳排放量 * 碳价。其中,工业总产值的数据选取来自于 1996—2014 年河北省装备制造业 7 个细分行业每年的规模以上制造业企业的工业总产值。

（2）解释变量及数据选取

通过梳理以往有关装备制造业发展的相关文献发现,对于装备制造业发展投入的 R&D 支出也多集中在劳动人员、固定资产以及技术研发等三方面。因此,本书综合考察劳动力、固定资产、研发支出对河北省装备制造业绿色效益值的影响。

1）劳动力成本

劳动成本即企业因雇佣社会劳动力而支付的费用以及资金等。对于制造业企业来说,人力资本的投入是技术研发的关键。因此,选用河北省装备制造业 7 个细分行业的规模以上制造业从业人员的工资总额（万元）来衡量劳动力成本,用字母表示。

2）R&D 硬件支出

R&D 硬件支出,即固定资产投资。固定资产是装备制造业改革与发展的物质基础和前提条件。因此,选用河北省装备制造业 7 个细分行业每年的新增固定资产总额（万元）表示 R&D 硬件支出,用字母表示。

3）R&D 软件支出

R&D 软件支出,即技术支出。对于装备制造业的改造和升级,技术创新是重中之重,而资金投入又是技术研发的基础。因此,选用河北省装备制造业 7 个细分行业 R&D 活动经费支出额（万元）来衡量 R&D 软件支出,用字母表示。

考虑到数据的有效性、可得性,选取 1996—2014 年间河北省规模以上装备制造业企业的数据进行分析,以上各指标的数据来自 1997—2015 年的《河北省统计年鉴》、国研网统计数据库以及国家统计局数据库。

（3）单位根检验

为消除单位的影响,本书对碳排放约束下的装备制造业绿色效益值、劳动力成本、R&D 硬件支出以及 R&D 软件支出等变量所选取的时间序列数据均做对数处理,并用 ∇xyz、$\nabla ldcb$、$\nabla xzzc$、$\nabla jszc$、$\nabla_2 xyz$、$\nabla_2 ldcb$、$\nabla_2 xzzc$、$\nabla_2 jszc$ 分别表示 4 个时间序列的一阶差分和二阶差分,然后对以上四个序列进行单位根检验。

单位根检验结果见表 7-8：

表 7-8　单位根检验结果

变量	滞后阶数	ADF 统计量	临界值			是否为单位根
			1%	5%	10%	
绿色效益值	xyz	-1.943521	-4.728363	-3.759743	-3.324976	是
	∇xyz	-3.588660	-4.667883	-3.733200	-3.310349	是
	$\nabla_2 xyz$	-5.112185	-4.992279	-3.875302	-3.388330	否
劳动力成本	$ldcb$	-3.006482	-4.667883	-3.733200	-3.310349	是
	$\nabla ldcb$	0.401005	-4.886426	-3.828975	-3.362984	是
	$\nabla_2 ldcb$	-5.236410	-4.886426	-3.828975	-3.362984	否
R&D 硬件支出（新增固定资产）	$xzzc$	-2.052273	-4.728363	-3.759743	-3.324976	是
	$\nabla xzzc$	-3.079533	-4.667883	-3.733200	-3.310349	是
	$\nabla_2 xzzc$	-7.812715	-4.728363	-3.759743	-3.324976	否
R&D 软件支出（技术支出）	$jszc$	-2.237443	-4.728363	-3.759743	-3.324976	是
	$\nabla_2 jszc$	-3.555489	-4.667883	-3.733200	-3.310349	是
	$\nabla_2 jszc$	-5.150458	-4.728363	-3.759743	-3.324976	否

由上表中的单位根检验结果可知，碳排放约束下的河北省装备制造业绿色效益值、劳动力成本、R&D 硬件支出及 R&D 软件支出均满足二阶单整，即 4 个时间序列满足长期平稳的条件。而且通过格兰杰因果检验得到，碳排放约束下的河北省装备制造业绿色效益值、劳动力成本、R&D 硬件支出及 R&D 软件支出之间存在格兰杰因果关系，即以上四个变量均可作为因变量带入向量自回归（VAR）模型，检验结果略。

（4）稳定性检验

根据最小信息准则，选取最佳滞后期为 2。向量自回归（VAR）模型的建立必须满足稳定性条件，而向量自回归（VAR）模型稳定的条件是特征方程的根都在单位圆以内，一般用 AR 根图来检验模型的稳定性。经检验，向量自回归（VAR）模型的特征根的模倒数均位于单位圆内，满足稳定性条件。AR 根检验结果见图 7-7：

7.5.2　R&D 软、硬件支出对绿色效益值的短期作用分析——基于脉冲响应

为了探究 R&D 软件支出、R&D 硬件支出及绿色效益值的动态关系分析,采用脉冲响应函数来进行分析。脉冲响应函数(IRF)能够全面反映各变量之间的动态关系。具体来说,它描述的是在随机误差项上施加一个标准差大小的冲击(来自系统内部或外部)后,对内生变量的当期值和未来值所产生的

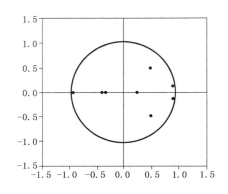

图 7-7　AR 根检验结果

动态影响。本书对碳排放约束下的河北省装备制造业绿色效益值、劳动力成本、R&D 硬件支出及 R&D 软件支出进行脉冲响应分析,脉冲响应结果如图 7-4 所示,其中图中的横轴代表冲击作用的滞后阶数,纵轴代表脉冲响应水平,实线表示被解释变量对解释冲击的反应,虚线表示正负两倍标准差偏离带。

(1) 由图 7-8a)可知,当本期给 R&D 软件支出一个新息冲击后,碳排放约束下的装备制造业 R&D 硬件支出首先会产生一个迅速而明显的正向波动,在第二期左右达到正向波动的峰值,而后正向波动慢慢向水平线附近回落,但始终居于水平线以上。在第 6～7 期期间,正向波动幅度明显减小,第七期之后便又缓慢回升。可见,R&D 硬件支出对于 R&D 软件支出的响应始终为正向促进作用,但促进效果有大小之别。换言之,碳排放约束下,装备制造业企业增加技术研发支出的投入将有助于扩大新增固定资产支出的规模。

(2) 由图 7-8b)可知,当本期给 R&D 硬件支出一个新息冲击后,首先碳排放约束下装备制造业的 R&D 软件支出会产生一个不明显且短促的负向波动,但很快就跃居水平线之上而产生明显且持续的正向波动。总体来说,碳排放约束下,装备制造业企业增加对新增固定资产的投资,会对技术研发支出投资规模的追加产生比较明显的促进效果和持续作用。

(3) 由图 7-8c)可知,当本期给 R&D 软件支出一个新息冲击后,碳排放约束下的河北省装备制造业绿色效益值首先会产生一个始终比较微弱的负向波动,在第

三期左右升高至水平线以上,并产生一个明显的正向波动,此次正向波动的持续时间较长,最后在水平线以上趋于稳定。这说明在碳排放约束下,企业增加技术研发支出,会使得装备制造业绿色效益值得到一个相对显著的提升效果。

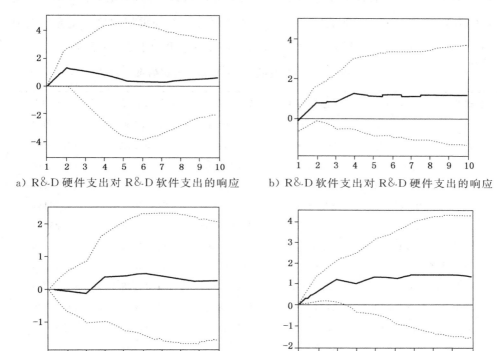

　a)R&D 硬件支出对 R&D 软件支出的响应　　　b)R&D 软件支出对 R&D 硬件支出的响应

　c)绿色效益值对 R&D 软件支出的响应　　　d)绿色效益值对 R&D 硬件支出的响应

图 7-8　脉冲响应图

（4）由图 7-8d)可知,当本期对 R&D 硬件支出施加某个外界新息冲击后,碳排放约束下的河北省装备制造业绿色效益值会产生明显的正向波动,且这种波动是长期持续并有效的。可以得出,在碳排放约束下,企业增加对新增固定资产的投资,会使得装备制造业绿色效益值产生显著的提升效果,且这种提升效果具有持续效应。

综上,通过比较可得,从短期作用机理分析,碳排放约束下,R&D 硬件支出对于装备制造业绿色效益值的促进效果要明显优于 R&D 软件支出。因此,装备制造业企业要注重将研发支出多用于对硬件设施,即新增固定资产的投资。

7.5.3　R&D软、硬件支出对绿色效益值的长期作用分析——基于方差分解

为了明确R&D软件支出、R&D硬件支出对绿色效益值的预测方差贡献程度，本书采用方差分解的方法进行分析。方差分解可以通过将系统中变量的方差分解到各扰动项上，直观地表明各内生变量对预测方差的贡献程度。变量碳排放约束下的河北省装备制造业绿色效益值的方差分解结果如表7-9所示：

表7-9　装备制造业绿色效益值方差分解结果

预测期	标准差	绿色效益值	劳动力成本	R&D硬件支出	R&D软件支出
1	0.468010	100.0000	0.000000	0.000000	0.000000
2	0.556468	79.60666	0.014164	1.332212	19.04697
3	0.587218	74.84879	0.012940	6.576104	18.56216
5	0.653902	67.00500	0.163799	15.67646	17.15474
10	0.767952	58.64125	0.933763	24.46067	15.96431
15	0.850462	54.35011	1.496873	28.89528	15.25774
20	0.917724	51.65395	1.864336	31.66302	14.81869
25	0.974060	49.81043	2.116721	33.55392	14.51893
30	1.021936	48.47720	2.299340	34.92128	14.30218
35	1.063036	47.47342	2.436844	35.95075	14.13899
40	1.098585	46.69451	2.543542	36.74958	14.01236
45	1.129511	46.07584	2.628291	37.38408	13.91179
50	1.156540	45.57527	2.696862	37.89746	13.83041

从方差分解的结果可知，随着预测期数的增加，劳动力成本对碳排放约束下的河北省装备制造业绿色效益值预测标准差的贡献率呈小幅上升，最终稳定在2.7%左右，其对绿色效益值的贡献程度最小；R&D硬件支出对碳排放约束下的装备制造业绿色效益值的贡献率在前10期时涨幅明显，其后也稳步攀升，最终稳定在37.9%左右，对碳排放约束下的河北省装备制造业绿色效益值提升的贡献率最大；R&D软件支出对碳排放约束下的装备制造业绿色效益值的贡献率在第2期时达到最大，为19.0%，之后便出现递减趋势，基本稳定在13.8%左右，其对绿色效益值的贡献程度排在第二位。

可见，碳排放约束下，R&D硬件支出对于装备制造业绿色效益值的贡献程度明显优于R&D硬件支出。因此，从长期作用机理分析，碳排放约束下，R&D硬件

支出对于装备制造业绿色效益值的促进效果要明显优于 R&D 软件支出。

综上，无论从短期作用机理，还是长期作用机理分析，碳排放约束下，R&D 硬件支出对于装备制造业绿色效益值的促进效果要明显优于 R&D 软件支出。因此，新的经济形势下，用于增加新增固定资产的 R&D 硬件支出对装备制造业的绿色发展更为关键。

7.5.4　R&D 硬件支出对绿色效益值增长效应研究——基于面板门槛回归模型

基于上述结论，本书通过建立面板门槛模型，利用 1996—2013 年河北省装备制造业 7 个细分行业的数据，来实证研究 R&D 硬件支出对碳排放约束下的河北省装备制造业绿色效益值的增长效应。提出如下假设：在其他因素不变的情况下，随着 R&D 硬件支出规模的增加，R&D 硬件支出与碳排放约束下的河北省装备制造业绿色效益值之间表现为先减后增的非线性关系。在实证研究过程中可能会出现多重门槛，但首先假定单一门槛模型，多重门槛可由单一门槛扩展而得。关于门槛面板回归模型的估计，主要有以下三个关键点：(1)检验是否存在门槛效应，并确定其门槛值；(2)检验门槛值的显著性，以确定存在几个门槛值；(3)根据门槛检验结果确定模型形式，并估计模型中的参数。

借鉴 Hansen 面板门槛模型的设计思路，构建 R&D 硬件支出（即用于增加固定资产的支出）对碳排放约束下的河北省装备制造业绿色效益值影响的门槛回归模型：

$$\ln xyz_{it} = \theta_1 \ln xzzc_{it} I(xzzc_{it} \leqslant \gamma) + \theta_2 \ln xzzc_{it} I(xzzc_{it} > \gamma) + \beta \ln jszc_{it} + \varepsilon_{it}$$

$$(7\text{-}3)$$

其中，选取 R&D 硬件支出（即 $xzzc_{it}$）同时为解释变量和门槛变量，R&D 软件支出（即）为控制变量，γ 为相应的门槛估计值。$i = 1, 2, \cdots, N$，表示不同的行业，$t = 1, 2, \cdots, T$ 表示不同的时间，$I(\cdot)$ 为指标函数，相应条件成立时取值为 1，否则取值为 0。ε_{it} 为随机干扰项，θ_1、θ_2、β 均为参数。

在数据的选择上，选择河北省装备制造业所包含的七个子行业 1996—2013 年共 18 年共 126 个样本进行回归分析。

为了确定模型的具体形式，首先需要确定是否存在门槛值以及门槛值的个数。本书采用 Stata12.0 软件进行模型检验与估计，依次在不存在门槛、存在一重门槛、存在双重门槛以及存在三重门槛的设定下对该模型进行估计和检验,得到的 F 统计量和用 Bootstrap 方法得出的 P 值如表 7-10 所示:

表 7-10　门槛效果检验

模型	F 值	P 值	临 界 值		
			1%	5%	10%
单一门槛	4.6781 **	0.0333	7.2570	3.5597	2.6023
双重门槛	16.5314 ***	0.0000	8.6786	4.6572	2.9913
三重门槛	5.4181 **	0.0300	6.9261	4.6410	3.0744

注:1. P 值为采用"自抽样"(Bootstrap)方法反复抽样 1000 次的所得;

2. *** 、** 、* 分别表示在 1%、5%、10%的显著水平上显著。

由上表可知,当控制 R&D 软件支出的规模不变,R&D 硬件支出为门槛变量时,碳排放约束下的河北省装备制造业绿色效益值的单一门槛($P=0.0333$)、双重门槛($P=0.0000$)、三重门槛($P=0.0300$)分别在 5%、1% 和 10% 下通过了显著性检验。即 R&D 硬件支出对碳排放约束下的河北省装备制造业绿色效益值的影响存在显著的门槛效应。根据门槛模型原理,门槛估计值是似然比检验统计量 LR 为零时门槛变量的取值,三重门槛模型中各门槛值估计结果及其 95% 的置信区间如表 7-11 所示:

表 7-11　门槛估计值和置信区间

因变量	门槛模型	门槛估计值	95% 的置信区间
绿色效益值	第一门槛	9.5719	[9.5396,9.5720]
	第二门槛	9.7293	[9.7293,9.7380]
	第三门槛	10.0750	[7.7231,15.2630]

由上表分析可知,当因变量为碳排放约束下的河北省装备制造业绿色效益值时,门槛变量 R&D 硬件支出的三重门槛值分别是 9.5719、9.7293 和 10.0750,相应的 95% 的置信区间分别为[9.5396,9.5720]、[9.7293,9.7380]和[7.7231,15.2630]。进一步分析碳排放约束下的河北省装备制造业绿色效益值的 R&D 硬件支出的门槛模型的实证结果,如表 7-12 所示:

表 7-12 门槛面板模型的参数估计结果

被解释变量		绿色效益值
门槛变量	R&D 硬件支出规模 1	0.4789(0.000 ***)
	R&D 硬件支出规模 2	0.3880(0.000 ***)
	R&D 硬件支出规模 3	0.4801(0.000 ***)
	R&D 硬件支出规模 4	0.4461(0.000 ***)
控制变量	R&D 软件支出	0.375(0.000 ***)
	常数项	5.835(0.000 ***)
	R^2	0.855

注：1. R&D 硬件支出规模 1、2、3、4 分别指投资规模在小于 9.5719、[9.5719,9.7293]、[9.7293,10.0750]和大于 10.0750 的范围内，即小于 1.4357 万亿元、1.4357 万亿元至 1.6802 万亿元、1.6802 万亿元至 2.3742 万亿元和大于 2.3742 万亿元；

2. 括号内数字为 P 值；

3. ***、**、* 分别表示在 1%、5%、10%的显著水平上显著。

可以发现，碳排放约束下，R&D 硬件支出对于装备制造业绿色效益值的增长效果具有显著的门槛效应，且为三重门槛。也就是说，在不同的 R&D 硬件支出规模下其对碳排放约束下的河北省装备制造业绿色效益值的影响程度有所差别。具体表现为：当 R&D 硬件支出的投资小于 1.4357 万亿元时，其对碳排放约束下的河北省装备制造业绿色效益值攀升的正向促进作用为 $\theta_1 = 0.4789$；当投资规模跨过第一道门槛值，到达 1.4357 万亿元至 1.6802 万亿元区间时，作用效果仍为正，但作用系数有了较明显的下降（$\theta_2 = 0.3880$）；紧接着再追加投资到 1.6802 万亿元至 2.3742 万亿元范围时，作用系数提高至 $\theta_3 = 0.480$，是四种投资规模下作用系数的最大值；当投资规模跨过第三道门槛值以后，正向促进作用又有所降低，为 $\theta_4 = 0.4461$。控制变量 R&D 软件支出对绿色效益值也表现为正向促进作用（$\beta = 0.375$），但低于 R&D 硬件支出对于绿色效益值作用系数的最小值（$\theta_2 = 0.3880$），再次证明了 R&D 硬件支出对于绿色效益值攀升的促进作用大于 R&D 软件支出。

综合以上分析可知，碳排放约束下，R&D 硬件支出对于装备制造业绿色效益值的提升效果存在不同的影响作用。但在碳排放约束下，总存在对于装备制造业绿色效益值的提升促进作用最为显著的 R&D 硬件支出规模范围。因此，装备制造业企业可以通过调整 R&D 支出的结构，注意软件支出和硬件支出的合理分配，增加 R&D 硬件支出规模，达到碳排放约束下，装备制造业绿色效益值的最大程度攀升，从而实现绿色发展和可持续发展。

结论与建议：

过去依靠要素驱动、投入驱动发展起来的传统的制造业使得中国制造业的产能严重过剩，而且这已经严重制约着中国制造业乃至中国经济的发展。因此，向以创新驱动、研发驱动为主的发展方式转变势在必行。过去的两年，河北省制造业积极地调结构、去产能，仍能做到各项经济指标稳中有进，实现了"十三五"的良好开局。当前及今后两年作为"十三五"的关键之年，河北省仍然要加快装备制造业的改造升级，实施创新驱动战略，依靠增加 R&D 硬件支出来实现河北省装备制造业的平稳有序增长和提质增效，从而全面推动"中国制造"和"智能制造"的顺利实现。

本章我们首先构建向量自回归模型，运用脉冲响应和方差分解手段分析了碳排放约束下河北省装备制造业 R&D 软件支出、R&D 硬件支出与绿色效益值之间的动态变化关系，以及 R&D 软件支出、R&D 硬件支出对于绿色效益值的预测方差的贡献程度。在此基础上，构建面板数据门槛回归模型，利用 1996—2013 年间河北省装备制造业 7 个细分行业的数据，实证分析了碳排放约束下装备制造业 R&D 硬件支出与绿色效益值之间的门槛效应，得出如下结论：

根据脉冲响应的结果来看，当增加技术研发支出后，会对碳排放约束下的河北省装备制造业效益值产生短暂的阻碍作用，但很快就提升为促进作用，且该促进作用是持续有效的。毋庸置疑，增加 R&D 软件支出会促进河北省装备制造业的绿色发展，这也是党的十八大以后国家明确提出要依靠技术研发、创新驱动来发展制造业乃至中国经济的主要原因。因此，装备制造业企业要毫不动摇、坚持不懈地贯彻"绿色发展"的方针，实施"创新驱动发展"战略，调结构、去产能，努力钻研技术制高点，实现产业向"高端制造""智能制造"转型。

同时，也应该清楚地看待 R&D 软件支出对绿色效益值的短暂阻碍作用。之所以产生阻碍作用，表明并非是增大技术研发支出的规模就一定会对碳排放约束下的装备制造业绿色效益值产生正向促进作用的，进一步验证了技术研发的双刃剑作用。阻碍作用产生的原因并不唯一。可能是因为机器设备等的落后，或者是劳动力，尤其是高技能劳动力的短缺等。

结合 R&D 软件支出、R&D 硬件支出与绿色效益值之间的动态变化关系分析可以得出，对于施加于 R&D 软件支出和 R&D 硬件支出的新息冲击，装备制造业的绿色效益值大体上均表现出正向的促进作用。而 R&D 软件支出与 R&D 硬件支出之间也互相存在较为显著的脉冲响应。综上，R&D 软件支出、R&D 硬件支出与绿色效益值之间均存在比较复杂的非线性关系，三者是密切联系、不可分割的统一体。因此，在全面推进装备制造业改造升级的过程中，要用普遍联系的眼光妥善处理三者之间的关系，决不能将三者相互割裂开来。例如，R&D 软件支出与 R&D 硬件支出的投资规模应该相互照应、合理分配。

根据碳排放约束下装备制造业绿色效益值的预测方差分解结果来看，R&D 软件支出对绿色效益值的贡献程度在第二期左右达到最大值 19.0% 后便开始下降，可见 R&D 软件支出对处于发展初期的产业的促进作用是十分显著的，但中后期会因为落后设备与先进技术的"脱节"而使发展速度减慢。另一方面，R&D 硬件支出对于绿色效益值的预测方差贡献程度要明显优于 R&D 软件支出。因此，装备制造企业在发展过程中，尤其是发展中后期要十分重视 R&D 硬件支出的投资，引进节能高效的设备机器，确保其能与先进的技术研发水平相适应，并把河北省装备制造业推向高端制造，顺利完成转型升级。

根据 R&D 硬件支出对碳排放约束下的河北省装备制造业绿色效益值的门槛效应的检验结果来看，确实存在显著的三重门槛效应，换言之，当 R&D 硬件支出处于不同的投资规模时，其对于碳排放约束下河北省装备制造业绿色效益值攀升的促进效果是不同的，即当河北省装备制造业的 R&D 硬件支出的投资规模处于 1.680 万亿元到 2.3742 万亿元时其正向促进效果最显著，即得到最优化的投入产出比。因此，装备制造业企业可以以此数值为参考，将 R&D 硬件支出的投资规模适当增加或控制在合理的区间内，从而使正向促进效果维持在一个较高的水平上，最终实现装备制造业的绿色发展和可持续发展。同时，对于硬件投资项目的选择，装备制造企业要减少对高耗能、重污染、低效益硬件设施的投资，减少低端产品的重复投资，优化投资结构，增加有效投资。

第 8 章

基于减排视角的京津冀承接产业发展建议

8.1 基于减排视角的京津冀地区产业错位发展布局

在京津冀协同发展的背景下,通过研究,我们在考虑了节能减排的基础上,从长期促进区域经济发展的角度对河北省承接产业进行了选择,立足于区域协同的角度,合理选择和布局产业发展,使得京津冀地区形成产业的错位互补发展局势,进而促进京津冀协同发展。由此我们可以得出以下结论:

(1)作为全国的政治文化中心、国际交往中心和科技创新中心的北京,伴随着经济的不断发展已经呈现出了大城市的通病,拥挤的人流、物流已经让北京市的发展沉重不堪,环境压力越发增大,像煤炭开采和洗选业、黑色金属矿采选业、非金属矿采选业等那些高耗能、高污染、低经济效益的采掘业和加工制造业的发展已经严重的超出了北京市的承载能力,所以这些行业无论是在结构上还是竞争力上已严重的失去了优势,不再适合北京市的发展,因此将这些行业及时转出;电力、热力生产供应、燃气的生产供应、水的生产和供应业作为保障民生的基本行业是伴随着北京市城市优化发展而发展的行业,是北京市在长期内需要继续发展的行业;而科学研究与技术服务、计算机、通信和其他电子装备制造业、仪器仪表制造业、通用设备制造业这些以技术为导向的高端行业在北京市表现出了较为强劲的竞争力,北京市可以在发展该行业的时候充分发挥地区的科研能力、高技术人才能力使得该行业处在产业链发展的顶端,即打造研发中心和科技创新中心。所以对于北京来说,在积极优化城市发展的基础上,既要加大对高新技术产业和服务业的投入力度,也要重视民生保障行业的发展,转出不具有比较优势的行业。

(2)天津市的长期优势行业主要为专用设备制造业、通用设备制造业、交通运输装备制造业等装备制造业,相比于北京和河北表现出了明显的比较优势和竞争力水平,因此北京的该行业可以转移到天津。另外通过区位商、比较劳动生产率、比较资本产出率和比较环境投入产出率的测算,我们可以看出制约天津市这些行业的发展的因素主要集中在技术水平和环境治理水平上,因此在天津的发展中应该加大对绿色生产和绿色发展的投入水平,通过绿色工艺和绿色科技的发展来改善产业发展中的环境问题。

(3) 相对于京津地区,河北省的经济发展程度差距较大,产业发展较差,因此在京津冀协同发展的契机下要充分发挥自己的资源、区位等相对优越的条件来主动承接京津地区的产业。河北省可以借助自身产业优势来主动承接纺织服装、服饰业、皮革毛皮羽毛及制品和制鞋业、家具制造业、批发零售餐饮住宿产业和教育业。但是煤炭开采和洗选业、黑色金属矿采选业、石油加工、炼焦和核燃料加工业、黑色金属压延和加工业和有色金属压延和加工业对河北省的发展只存在短期的推动作用,从长期来看并不能持续拉动河北省经济发展,因此尽管其表现出了强势发展能力,从长远来看不建议承接。对于交通运输、仓储和邮电业务和科学研究和技术服务业这样的服务业来说,这是地区经济发展水平不断提高的产物,因此河北省应该充分借助北京市的核心功能的辐射作用不断发展。

8.2　基于减排视角的河北省承接产业发展建议

8.2.1　破除行政壁垒,建立要素共同市场

由于京津冀地区之间强势的行政划分,导致政策、资源、要素、市场等各种要素无法实现在市场调节下的自由流动,导致要素不断涌入中心地区。因此在京津冀产业转移和承接的过程中,河北省要立足主体地位积极倡导弱化行政划分,破除行政划分带来的壁垒,积极促成建立京津冀三地协同发展的要素共同交易市场。借助要素共同市场的调节作用,一方面转出产业的人员从京津地区向外转移,另一方帮助河北省消化和合理分配随着产业承接带来的劳动力资源的拥堵和浪费。河北省要充分认识产业承接过程中带来的要素的流动,积极主动吸收节能环保资源技术的流入,积极吸引行业高端人才转入,主动引导低水平的劳动力向其他行业疏散,通过要素市场吸引资本从京津地区流入。

8.2.2　重视园区发展,打造联动式平台体系

产业园区和产业基地是承接产业转移的主要平台,河北省产业发展中要高度

重视产业园区的发展,大力发挥政府宏观调控和市场的调节作用,加大资源整理力度,促进资源自由流动,促进集聚发展。在产业承接中要充分发挥园区作用,依托园区发展的比较优势承接具有发展潜力的产业而对产业发展落后的产业要及时进行筛选和治理,特别落后的直接淘汰,力求借助规模效益促进承接产业发展。同时打造一体联动式平台支撑体系,即京津冀三地联手共同筹建产业发展园中园、共建园以及产业集群合作共建示范区等协同发展平台,促进三地之间的产业转移从区域转移向内部转移转变,减少行政壁垒,降低转移成本,并且可以充分发挥北京市技术研发中心的辐射功能。河北省应该主动倡导京津冀三地联合建立产业转移共建园区、创新研发共建平台,通过体制内部的资源要素的聚集,以及内部的资源要素的流转大大降低了产业转移成本,实现互利共赢。

8.2.3 提升创新能力,打造联动式创新体系

无论从承接产业角度还是经济发展角度讲,河北省都需要不断提升其创新能力,提升其发展层级。因此河北省要依托优势产业如纺织服装、服饰业、家具制造业、建材、钢铁等优势行业,开展技术创新,积极推进核心技术和前沿产业的增加,提升河北省的创新能力和经济发展水平,进而降低京津冀地区协同发展的障碍。通过三地特色产业和发展优势的不同,各自依托产业链进行创新协作,加大对重点优势产业的技术开发,最终通过联动式创新体系进行技术共享,促进京津冀协同发展。

8.2.4 完善配套设施,打造联动式制度体系

产业选择都是在利益的驱动之下产生的,一旦一个地区丧失了产业发展的利润空间就失去了产业发展的先机,而产业发展的盈利性直接与地区的政策、配套设施和基础设施、市场要素所联系的,因此河北省想要吸引和引进强势企业和产业的入驻和迁入必须要加快产业配套设施的完善,这样才能保证产业在河北省的长期发展。借助北京市疏解非首都功能的契机,加大对软、硬件基础设施的“通用性要素”配套建设的基础上,同时要对“专用型要素”如产业基础和技术条件、交易市场完善程度等进行改善和提升。积极推进与京津地区联合建立相关产业团体或者组织,进而减小产业承接行政阻力,加大对京津冀地区的资金、资源和人才利用效率。

8.3　基于减排视角的北京市产业发展建议

根据《北京市城市总体规划(2004—2020 年)》,北京产业结构调整的主要方向为"做大三产、做强二产、优化一产"。第一产业:坚持可持续发展原则,充分利用各种资源,着重发展科技含量高、节水型的现代都市型农业。第二产业:坚持走新型工业化道路,着力构建以优化升级后的传统优势产业为基础,以现代制造业、高新技术产业为主体,以都市型工业为辅的新型工业体系,并将汽车、电子信息、生物工程与医药等产业列为重点发展产业。第三产业:重点发展现代服务业和文化产业,积极打造信息服务、金融保险、文教卫体、旅游会展四个制高点。根据城市功能新定位,并结合自身产业发展所处阶段,北京未来的产业发展方向如下:

第一产业:着力调整农业结构,积极发展现代都市型农业。鉴于生产空间的限制,北京应实施农业规模化经营策略,逐步向二产、三产延伸,因地制宜地发展精品农业、籽种农业、加工农业、观光农业等,积极提高农业综合生产能力和经济效益。

第二产业:根据工业分行业区位商和产值比重分析,北京市主导专业化部门分别为通信设备、计算机及其他电子设备制造业,电力、热力的生产和供应业,交通运输设备制造业。基于新城市功能定位中打造"国家首都、国际城市、文化名城和宜居城市"的要求,北京应着力发展生物医药、电子信息、汽车制造、新材料等现代制造业和高新技术产业。着力发展现代制造业和高新技术产业,一方面,要积极推进生物工程与新医药、电子信息、环保与资源综合利用、新材料等高新技术的集群化进程;另一方面,积极培养高素质人才,为产业创新提供坚实的人才支撑。对于产业布局,主要应加强产业园区的建设和优化布局:一要优化完善以中关村为核心的一区多园式的高新技术产业园区布局;二要整合各级开发区,积极引导企业向产业园区集中;三要使园区发展与新城建设相协调,重点建设汽车制造业、电子信息产业、生物医药等产业基地。此外,还应发挥产业基地的辐射作用,推动周围区域相关产业发展;要充分借助北京经济技术开发区的示范带动作用,充分发挥东南方向产业基础好、交通发达、土地资源充足和港口优势,积极发展以亦庄为核心的京津塘高新技术产业带。

第三产业:北京第三产业产值居前五位的行业分别为金融业,批发和零售业,信息传输、计算机服务和软件业,房地产业,租赁和商贸服务业;第三产业增长率居前五位的行业分别为租赁和商贸服务业,金融业,科学研究、技术服务和地质勘查业,信息传输、计算机服务和软件业,文化、体育和娱乐业。结合北京市实现第三产业"打造四个制高点"的要求,其第三产业发展方向为:一方面,应着力发展金融业,批发和零售业,租赁和商贸服务业;另一方面,还应积极支持信息传输、计算机服务和软件业与科学研究、技术服务和地质勘查业等信息服务与科教产业的发展,并努力促进物流、文化、会展、旅游等其他现代服务的发展。当前,因北京商务成本高且中小企业不发达,再加上周边地区产业配套能力不匹配,很多零部件需从外地输入,使得产业配套成本有所抬高。因而积极加强与河北环首都地区合作,共建基础设施和产业配套设施,以降低北京企业的商务成本,提高企业和产业竞争力。此外,国家正积极推进产业创新示范基地的建设,而中关村科技园区被列为首批创新示范基地,这有助于北京充分发挥自身科研优势,增强产业自主创新能力。

总体来说,一方面,北京应充分利用自身知识、技术和人力优势,着力发展总部经济、创意产业、科技研发、现代服务业和都市型工业;另一方面,还应主动将一般制造业和重化工业向周边地区转移,实现与津冀的产业衔接,充分发挥其在区域经济发展中的辐射带动作用。

8.4 基于减排视角的天津市产业发展建议

依据《天津市城市总体规划(2004—2020年)》,天津未来的城市功能定位是北方经济中心、国际港口大都市及生态城市,而现代制造业、国际商贸业、电子信息产业和物流产业是其重点发展产业,滨海新区则是其重点开发区。其中,滨海新区被定位于"立足天津,辐射三北,服务全国,面向东北亚,建成现代化的世界加工基地和物流中心"。

第一产业:在天津市农、林、牧、渔业结构中,农、林、牧业所占比重较低,而渔业所占比重最高,达到27.95%。因而,天津第一产业的发展方向应为:一方面,充分利用资源优势,着力调整和优化渔业结构,大力发展都市型渔业,积极推进渔业产业化和标准化经营;另一方面,积极发展观赏型渔业,积极构建沿海休闲渔业基地以及集垂钓、旅游和水产品品尝等为一体的休闲渔业景区。此外,还应以产业化提升农业,积极实施规模化经营,逐步发展精品农业、观光农业、加工农业和设施农业等。

第二产业：在天津市工业行业中，地区专业化部门分别为黑色金属冶炼及压延加工业区域产业转移的综合协合效应实证分析：以京津冀地区为例压延加工业，通信设备、计算机及其他电子设备制造业，交通运输设备制造业，石油和天然气开采业，医药制造业，食品制造业，金属制品业，通用设备制造业，专用设备制造业。

结合天津市重点发展现代制造业、电子信息产业的新定位，第二产业发展方向为：一方面，应充分利用港口优势增强产业集群效应，着力发展高新技术产业，积极培育冶金、电子、化工、汽车、信息等产业集群，逐步形成具有全国影响力的优势产业集群，努力把天津建设为北方重要的现代化工业基地。另一方面，利用海洋经济，积极提升天津综合竞争力。滨海新区应充分利用海岸港口优势及土地、油气等资源优势，大力发展以海洋经济为主的特色产业，实现与京冀的产业错位发展。

第三产业：从 2002 年至今，在天津市三次产业结构中，第三产业所占比重一直处于下降态势。依据产业结构演变规律，天津第三产业有待实现新突破。2007年，天津市第三产业产值居前五位的行业分别为批发和零售业，交通运输、仓储和邮政业，金融业，房地产业，教育；第三产业增长率居前五位的行业分别为金融业，教育业，房地产业，住宿和餐饮业，交通运输、仓储和邮政业。

结合天津新的城市功能定位以及"十三五"规划对产业发展的新要求，第三产业发展方向为：第一，着力发展航运和物流特色产业。海空港和口岸作为滨海新区核心战略资源，经济效益显著，且港口经济的深层次发展有助于港城及腹地产业结构升级。中心市区应通过发展新兴现代服务业，实现与港口经济的有机衔接，而老城区和新区资源的充分整合有利于形成开放的现代业服务经济体系，更有助于全面提升城市的服务功能。

第二，积极发展金融业，助推滨海新区"全国产业基金中心"的建设。金融业是2007 年天津增长最快的第三产业，而且其产值比重也位居前五名。由此可见，金融业在天津第三产业中的重要地位日益凸显，而天津金融业的发展主要在滨海新区。根据国务院《关于推进天津滨海新区开发开放问题的意见》，天津滨海新区是金融改革和创新的重要实验区，可以在金融业务、金融市场、金融企业和金融开放等方面进行重大改革，这为天津金融业的发展和构建"全国产业基金中心"提供了极好的政策支持。

第三，加快生态城市建设。目前，天津建设生态城市的基础工作已取得积极成果:全市共建设烟尘控制区 59 个,面积 501.76 平方公里;城市绿化工作成效显著,建成区绿化覆盖率达 36.4%;创建生态示范区 7 个、自然保护区 9 个,覆盖率达 13%。作为水资源短缺的北方城市,天津建设生态城市确实是一个有益的尝试,而作为国家城市综合改革的实验区,滨海新区要发挥先行先试的改革示范效应,率先探索各种发展经验,为全面建设生态城市提供借鉴。

第 9 章

京津冀产业协同发展路径建议

过去京津冀之所以拥有巨大潜力却得不到充分发挥,主要是因为陷入了政治经济学主导的无序竞争当中,没有按照市场经济规律发展;不是在充分发挥各自比较优势的基础上,搞好区域产业发展规划,进行有效的产业分工与协作,而是习惯于搞大而全小而全的产业体系,造成重复建设、产业同构、产能过剩等一系列问题。要解决存在问题,国家应尽快出台京津冀产业协同发展规划,明确产业定位和发展方向,尽快制定公布京津冀产业协同发展指导目录,各自按照目录合理分工、招商引资,制定产业承接和疏解指导意见。京津冀产业协同发展就是要立足自身实际,按照产业分工,遵循政府规划引导,企业自主选择原则,发挥三地自觉性、主动性、创造性基础上,探索产业合作新模式,对区域产业布局进行调整重构,主要可通过下几种形式得实现:

9.1 京津冀产业协同发展模式

9.1.1 打造京津冀链条化产业

一个地区和城市的问题,可能是另一个地区和城市的机会。北京这个超大型城市,以往由于功能定位不清晰,导致资源、环境、交通压力不堪重负,北京不应是物流中心、看病中心,而是应该向周边省市转移与其功能定位不符的产业部门。产业转移是有经济规律的,必须依靠现有产业基础,要搞好转移对接,向适合它发展的地方转移。比如白沟是全国小商品集散地,有着非常优越的条件,与北京大红门市场对接后,既可以解决北京的拥堵和人口问题,同时能把白沟的商贸城做大做强。"动批"迁往河北不是简单迁移,而是一种机制和创新,即总部设在北京,还要在北京建设体验展示中心和研发中心,而物流园区则设置在河北,一方面利用北京的人才和信息优势,为动批网继续创造条件,同时与河北一起对物流园区进行合力打造。这在北京过去是难以实现的,因为空间有限,成本偏高,而在河北完全具备这种条件,该模式极大提升了原有的商业效率。链条延伸,随着区域竞争的加剧,过去的单个企业之间的竞争,已经在很大程度上转变为今天产业价值链之间的竞争,产业链和产业集群是提高产业竞争力的基础和关键。同时,企业通过培育竞争能力来提高经济效益,仅仅强调加工制造等生产环境是行不通的,还必须依靠统筹市场调研、研究开发、加工制造、经营管理、采购环节、信息整合、市场开拓等各个价值增长环节。京津冀区域各经济主体应该努力提升科技创新能力,加快构筑区域产业价值链。纵观世界,在经济全球化过程中,但凡经济强国,无一不是依靠完整的产业链和完善的运作体系,形成产业的多元化支撑,成就产业强国。在三地产业协同发展中,产业链分工合作(产业转移对接)是各自利益契合点所在,要在更高层次上整合京津冀产业发展,合理安排三地产业分工,特别是制造业分工。依靠京津强大科技、人才、产业优势,着力延伸京津冀产业发展链条,形成合理的产业梯度和紧密的产业链关系,形成"总部在北京,生产在河北""研发在北京,转化在天津,生产在河北"产业链合作模式。例如,首钢集团将石景山作为总部、将生产功能全部迁往唐山曹妃甸,在京津冀产业协同发展背景下,"总部在北京,生产到河北"已经成为北京企业外迁的共识。北京分别与河北、天津签订了产业链分工协作协议,其中河北方面建议选择 IT、装备制造、生物医药等高新技术产业与北京进行深化合作。

9.1.2 京津冀合作模式的创新

三地产业合作共建符合现代产业发展规律,与协同发展高度契合。北京要与天津、河北一道共建战略性功能区。以官厅水库为分界线,西南方是河北怀来,东北方是北京延庆,因为同属官厅流域,多年来种植葡萄和生产葡萄酒成为两地优势产业,在进一步做大做强中,同样面临着扩大规模、产品升级、开拓市场等一些共性问题,葡萄和葡萄酒产业作为两地自然天成的一个有机整体,怀来和延庆选择的抱团发展显得顺理成章。2014 年,北京市延庆县与河北省怀来县决定,以官厅水库为核心,整合资源,规划出 2000 平方公里土地,发展葡萄种植、葡萄酒酿造和酒庄文化旅游产业,双方将共同建设"延怀产区",共同打造涵盖延庆县 11 个、怀来县 16

个共 27 个乡镇的"延怀河谷葡萄及葡萄酒产区"。启动三地协同发展以来,京津冀也正在加快推进滨海—中关村科技园、京津未来科技城合作示范区、津冀循环经济示范区、曹妃甸示范区、北京新机场临空经济合作区等一系列产业合作平台建设。如今的产业竞争更多地表现为规模与实力的竞争,走向集群式发展。京津冀产业协同发展,说到底是在充分尊重现代产业发展规律基础上的一次区域产业重构,为实现产业由中低端向中高端迈进,必须抓住这一有利契机,促进产业向适宜产业发展的地区集中,引导企业向园区聚集促进集群发展,通过对现有产业布局进行合理规划调整,改善投资环境,加强对口招商、定向招商、以商招商,促其形成电子信息、生物制药、航空航天等若干具有鲜明发展特色和竞争力的产业集群。承接京津产业转移,以前更多的是企业或项目的一对一对接,2014 年 5 月,河北经贸洽谈会上,河北省设区市集中推出了对接京津功能疏解和产业转移的 40 个载体平台,都是功能和产业定位十分明确的产业集群,这是京津冀合作模式的创新。

9.1.3 发展京津冀创新驱动产业

京津产业、人才优势明显,聚集大批企业总部、龙头企业、国家级创新载体、开发开放平台。把京津的科技人才优势变成河北的新兴产业优势,把京津的服务需求优势变成河北的服务产业优势,可使河北"两高一低"的传统产业结构,升级为绿色、循环、低碳的现代产业体系。河北的固安、三河等 14 个县市,以及天津的武清等 7 县环绕北京,河北、天津是承接非首都功能的天然最佳选择。首农集团、二商集团等一批北京的农业企业都开始向河北转移。两地将共同在北京周边各县建立高水平农业示范区,在首都周边发展都市农业,河北农产品在北京的市场份额,由过去的 45% 提高到了 54%。去年,中关村向河北输出的技术合同成交额同比增长了 1.3 倍,神州数码、中科曙光等中关村企业在天津、河北成立的分支机构和子公司则达到 1000 多家。

创新是引领发展的第一动力,面对经济发展新常态,寻找产业发展新动力,特别是创新,正成为重要引擎,新主体不断涌现、新业态迅速扩张、新产业较快发展,抓创新就是抓发展,谋创新就是谋未来。京津冀最大的优势就是创新资源丰富,最大的潜力是创新驱动。京津冀产业协同发展的根本动力在创新驱动,核心是构建京津冀产业协同创新共同体。未来,河北应在吸引人才方面做出努力,通过人才引进来带动产业的引进。河北要与京津共建技术创新和交易平台,设立跨区域产业技术创新联盟,支持企业从高等院校、科研院所、跨区域共建一批产学研创新实体。以中关村河北科技园、清华大学(固安)中试孵化基地、北京大学(秦皇岛)科技产业园、中国农业科学院廊坊中试基地、白洋淀科技城等为载体吸引京津科技成果在河北实现产业化,逐步形成"京津研发,河北制造"产业协作模式。北京最大优势不是产业中心,而是科技中心和其强大的科技转化能力。毗邻的河北接受北京转移的生产要素和资源,首要的不是产业,不是教育卫生,更不是大红门的服装门店,而是其科技转化成果。

利用区位条件,借助首都创新资源,是天津高新区这些年提升创新能力和产业层级的重要举措。从 2005 年开始至今,天津高新区与中国科学院、中国军事医学科学院、中国航天科技集团、中国海洋石油总公司等国家级科研院所、中央企业合作,相继建设了中科电子信息产业园、军科院天津分院、北大新一代信息技术研究院、超大型航天器研发制造、特种飞行器研发生产、中海油新能源、天地图全球数据服务基地等一批高端研发及产业化项目。曙光信息、航天科工、航天科技、中科蓝鲸、中科遥感、奇虎 360 等上百家企业落户并实现了快速发展,天津高新区已经成为承接北京科技成果产业化的重要区域。据不完全统计,在天津高新区落户的首都创新资源项目至少有 200 余项。

9.1.4 注重京津冀互补产业发展

通过优势互补、错位发展、相互合作也能使得各地方活起来并释放出新的能量,互补互利的协同形式和合作载体本身就是一种制度创新。京津冀应该共同做蛋糕,而不是抢蛋糕,找准定位,抱团发展,克服同质化,避免无序性,从竞争走向竞合。天津与河北东临渤海,这里集中了秦皇岛港、天津港、京唐港、曹妃甸港、黄骅港,过去由于各自为战形成恶性竞争,在协同发展后,津冀注册资本 20 亿元,从各自港口的自身优势出发,科学定位、合理分工,天津港强化综合性枢纽和集装箱干线港地位,而河北港口则着眼于建设国际能源大港,携手打造全国最大、最具竞争力的港口群。合作使两省市在京津冀协同发展战略中打破港口区域壁垒,揭开港口发展从竞争走向合作的序幕,形成"1+1>2"的共赢局面。重点发展现代物流、道路运输、仓储配送等综合服务型项目,参与区域内新建码头等项目建设,逐步发展成为大型现代港口企业。

9.1.5　京津冀抓住时机借势发展

伴随着京津冀协同发展注入国家动力,《京津冀协同发展规划纲要》出台,区域经济整合新机遇与发展空间的磁吸效应越来越强,不断释放新活力,必将吸引各类先进生产要素加速聚集,为三地加快产业结构调整、推进转型升级带来了前所未有的重大机遇。随着京津冀协同发展带来的产业转移,以及天津自贸区的开发建设,天津做好借势、借脑、借力三篇文章,已打造了数个千亿级高端产业链,近期引进的金融公司有上海银行、浙商银行、平安保险、广发银行、招商银行、民生证券等。除了传统的大型金融机构,近年来新兴的移动互联网金融和小额贷款细分行业,也涌现了一大批新生公司。围绕自由贸易试验区建设推进金融领域改革创新。目前,天津在民营银行、离岸金融、融资租赁、私募基金、产权交易等方面均居于全国前列。地处冀中平原交通枢纽的石家庄,紧紧地抓住南资北移契机,着手打造全国最大的商贸物流中心。由斯江乐城集团投资建设的石家庄乐城国际贸易城,规划总建筑面积2600万平方米,体量相当10个大红门+"动批"的规模。

9.1.6　建立京津冀产业试验示范基地

京津冀地区非常广阔,周围之间的边界交叉也比较复杂,要突出重点在一些重点的地区和重点的领域进行突破,创新合作区管理和开发建设模式,把政策集成用好。在区域产业协同发展过程中,要敢于进行先行先试,建立产业合作试验示范区,并在总结成功经验的基础上,加以复制与推广。在三地产业协同发展中先后建设了北京(曹妃甸)现代产业发展试验区、河北与天津共建涉县天铁循环经济示范区、京津未来科技城合作示范区。保定将一座占地45亩、建筑面积达6万平方米的"双子座"大楼无偿提供给中关村使用,以此来合作共建"中关村、保定创新中心",由后者重点引进电子信息、智慧城市、智慧能源、大数据和云计算等产业,逐步打造成为一个中关村"飞地经济"示范园。中国天津自由贸易实验区的建设,承担着试政策、试制度的任务,取得的成功经验将会首先用于北京和河北,促进京津冀的协同发展。

9.2　京津冀产业协同发展的支撑平台

京津冀产业协同发展的核心是构建产业链上下游合理分工体系,关键是创新体制机制。京津冀协同发展,由于地区间封锁和市场分割,京津冀区域合作还没有上升到产业融合的高度和层次,京津冀尚未形成合理的产业梯度和紧密的产业链关系,仍然存在合作的制度化程度和水平较低,合作主体过于单一,协同合作手段过于依赖集权和等级节制的行政体制,协同发展领域有待继续拓展深化,合作自主程度不高等明显问题。之所以如此,有行政区划体制制约的因素,也有其他体制机制约束的因素,京津冀区域治理碎片化,区域经济结构不尽合理,现行财税体制未能理顺,政绩考评机制不够科学,干部人事制度尚不健全,社会自我治理能力尚有欠缺等。必须下大力破除制约三地产业协同发展的体制机制障碍。区域协同发展难点是机制、利益的纠结,建立一个能够协调三方的平台,这是推动协同发展的必要条件。要实现协同发展、一体化发展,一个非常重要的方面是必须在区域体制机制或者区域治理结构上取得重大突破。通过加大改革力度,消除隐性壁垒,破除深层次矛盾和问题。由中央政府按照轻重缓急的区分,交由相关部门和地方政府明确时限进行探索研究解决,探索建立区域统一的财政税收、金融投资、产权交易、技术研发、资源补偿、创业就业政策,完善共建共享、协同配套、统筹互补、考核导向的机制。

9.2.1 加强京津冀协调发展的交流机制

要想一体化,关键是协调。政府在推动一些重大的任务完成、重点的问题解决方面具有不可替代的作用。鉴于区域内行政协调难度大,利益诉求差异明显,协同发展面临诸多问题,情况复杂,在国家层面组建一个高层次协调机构十分必要。尽快建立由国务院领导、国家发改委牵头、有关部委参加、三地党政主要负责人组成的京津冀区域协调发展领导小组,主要负责研制京津冀区域总体发展规划、协调各地区重大利益、统筹区域发展战略决策与政策制定,督促各项重大决策落实,并对三地协同发展举措、成效进行评估考核。建立对口部门的衔接、市和区县联动等机制,分工正在逐渐明确,三地间的对接工作也已悄然开始,广泛进行联络对接,推动各项协议事项的落实。发挥民间作用,共建产业分会助力企业沟通,为企业间开展项目合作、市场开拓、协同创新等搭建平台。探索在区域发展中建立有效的、统一的协调机制,应在推进依法治国中立法解决。

9.2.2 探索京津冀融合发展的激励机制

考核是指挥棒,适度调整三地政府考核体系,建立政绩考核的联评制度,京津冀产业转移 GDP 分计机制,充分调动地方政府协同发展的积极性,促使三地政府心往一处想、劲儿往一处使。现在的财政体制是造成产业转移的最大障碍。要实现三地协同,必须实行财政税收的共享制度,试点异地企业税收分成,引导产业转移、转型。综合考虑产业、环境、民生等因素,在重大生产力布局、用地指标分配、开发园区政策、央企布局建设等方面实行差别化的政策,扶持政策适当向河北省倾斜。建议将东北等老工业基地有关优惠政策延伸到河北工业城市,参照西部地区生态功能区生态补偿标准支持河北省生态功能区经济发展。可以按照党的十八届三中全会精神,赋予京津冀地区先行先试部分改革措施的权力,如消费税、房地产税的征收改革,既积累改革经验,也有助于首都功能优化。

9.2.3　营造京津冀协同发展的要素市场

建立"负面清单"制度,营造在"负面清单"以外领域各类市场主体可以依法进入、平等竞争的市场环境。建立统一的劳动力要素市场,推动专业技能互认、劳动力保障一卡通等,环京地区尝试推动教育、医疗一体化,实现人才资质互认。建立一批校企结合的人才综合培训和实践基地,在廊坊、保定、石家庄等地重点发展高职教育,为产业发展提供合适人才。建立多级金融中心,推动京津冀同城支付结算体系、征信系统、产权和票据市场一体化。加快城市间通信联网、物流配送等跨行政区的服务对接,推动三地海关通关一体化。建立统一的技术交易服务体系和科技成果库,推动创新成果互认,推进技术市场一体化改革。以资本为纽带,联合成立产业基金、京津冀开发银行,推进三地产业合作。

9.2.4　探索建立生态建设补偿机制

北京是水资源严重缺乏的城市,其大量的水资源是由河北省来提供的,应该建立合理的水资源补偿机制。中央有关部门应与京津冀协商沟通,成立"京津冀区域生态建设领导小组",尽快建立公平合理的生态补偿机制,制定京津冀区域生态一体化建设规划,解决包括环首都水源地水资源使用补偿、生态环境管护费用补偿、传统工业发展权益损失补偿等相关政策问题。京津两市还可以用投资和技术投入参与河北相关林区的植树造林、生态涵养等清洁发展机制项目,帮助河北相关地区建设风力发电、家庭用沼气改造等。

参 考 文 献

［1］Raymond Vernon. International Investment and International Trade in the Product Cycle［J］. Quarterly Journal of Economics，1982，8（4）：307-324.

［2］Lewis T. Economic Development with Unlimited Supplies of Labor［J］. The Manchester School，1954（22）：139-191.

［3］Pennings E，Sleuwaegen·L. International Relocation Firm and Industry Determinants［J］. Economics Letters，2000（67）：179-186.

［4］Akamatsu K. A Historical Pattern of Economic Growth in Developing Countries［J］. The Developing Economics，1962，1（1）：3-25.

［5］Kojima K. Direct Foreign Investment：A Japanese Model of Multinational Business Operations ［J］. New York：2013，151（3）：433-460.

［6］Du Ning. The Eclectic Paradigm of International Production：ARestatement and Some Possible Extensions［J］. Journal of international business studies，1988（19）：1-31.

［7］迈克尔·波特. 竞争优势［M］.孙小悦，译. 北京：华夏出版社. 1997：159-163.

［8］Kelly，Philip patios. Comparative Analysis of the Foreign Investment Evaluation Practices by US-Based Manufacturing Multinational Companies［J］.Journal of International Business Studies，Winter，1982，13（3）：19-42.

［9］Little，J. S. Location Decisions of Foreign Direct Investment in the United States［J］. New England Economic Review，1978（7）：43-63.

［10］Cheng，Y Kwan. What are the Determinants of the Location of Foreign Direct Investment the Chines Experience［J］. Jourbal of Investment Economics，2000，51（2）：379-400.

［11］Lin Qing，Wang Yin. Quantitative Analysis on the Contribution of Industrial Structure Change to SustainableDevelopment：a Case Study of Fujian Province[J]. Ecological Economy,2009(5)：20-27.

[12] Dianhua Wang. Beijing-Tianjin-Hebei Technological Innovation under the Backgrand of International Industrial Transfer Trend [J]. Canadian Social Science,2008,4(4):9-15.

[13] Hao Liu, Jianping Yan. The Analysis of Problems and Countermeasures for Western Region Undertaking the Textile Industrial Transfer[J]. International Journal of Marketing Studies,2009(9)：13-19.

[14] BD Cheng. The Strategic Thinking of the Regioal Cohesion of Industrial Transfer and Undertaking Industrial Transfer in Wan-jiang Urban Belt[J]. East China Economic Management,2010(9)：57-74.

[15] Liu Chunxiang,Ruan Hansu. Current Status and Path Selection of Ningbo Manufacturing Industrial Transfer[J]. International Conference on Information Management,Innovation Management and Industrial Engineering,2012, 51(11):502-505.

[16] Qun'ou Jiang, Jinyan Zhan. Environmental cost and pollution risk caused by the industrial transfer in Qinghai Province[J]. Frontiers of Earth Science，2014,8(3)：362-374.

[17] W Sun,L Wenhui,X Lin. Capacity to undertake industrial transfer of cities and prefectures in the Yangtze River Economic Belt[J]. Progress in Geography，2015,34(11)：274-283.

[18] 何钟秀. 论国内技术的梯度转递[J]. 科研管理,1983(1):18-21.

[19] 郭凡生. 何为"反梯度理论"——兼为"反梯度理论"正名[J]. 开发研究,1986, (3):39-40.

[20] 郭凡生. 评国内技术的梯度推移规律——与何钟秀、夏禹龙老师商榷[J]. 科学学与科学技术管理,1984(12):19-22.

[21] 谭介辉. 从被动接受到主动获取——论国际产业转移中我国产业发展战略的转变[J]. 世界经济研究,1998(6):65-68.

[22] 王珏,曹立.反梯度推进理论与西部产业结构调整[J].山东社会科学,2002 (3)：21-24.

[23] 王至元,曾新群. 论中国工业布局的区位开发战略——兼评梯度理论[J]. 经济研究,1988(1):66-74.

[24] 刘友金,胡黎明,赵瑞霞. 基于产品内分工的国际产业转移新趋势研究动态[J]. 经济学动态,2011(3):101-105.

[25] 丁建军. 产业转移的新经济地理学解释[J]. 财经科学,2011(1):102-107.

[26] 卢根鑫. 国际产业转移论[M]. 上海:上海人民出版社,1997:45-50.

[27] 陈建军. 产业区域转移与东扩西进战略[M]. 北京:中华书局出版社,2002:2-5.

[28] 陈勇. FDI 路径下的国际产业转移与中国的产业承接[D]. 大连:东北财经大学,2007:16-19.

[29] 王品慧. 安徽省承接长三角地区产业转移研究[D]. 安徽:合肥工业大学,2007:13-17.

[30] 张丹丹. 海峡两岸产业转移的实证研究[D]. 厦门:厦门大学,2009:12-16.

[31] 蒋国政,张毅,黄小勇. 要素禀赋、政策支持与金融资源配置:产业转移的承接模式研究[J]. 南方金融,2011(2):13-20.

[32] 陈红儿. 区际产业转移的内涵、机制、效应[J]. 内蒙古社会科学(汉文版),2002,23(1):16-18.

[33] 魏后凯. 产业转移的发展趋势及其对竞争力的影响[J]. 福建论坛(经济社会版),2003(4):11-15.

[34] 俞国琴. 中国地区产业转移[M]. 上海:学林出版社,2006:171-188.

[35] 陈琼玲. 国际产业转移与我国产业结构调整[D]. 北京:外交学院,2007.

[36] 刘世锦. 产业集群及其对经济发展的意义[J]. 浙江经济,2003(13):17-19.

[37] 羊绍武. WTO 背景下中国的产业转移战略研究[D]. 四川:西南财经大学,2006:15-17.

[38] 庄晋财,吴碧波. 西部地区产业链整合的承接产业转移模式研究[J]. 求索,2008(10):5-8.

[39] 梁云,刘银国,闻帅. 中部地区承接产业转移模式探讨[J]. 现代商业,2010(33):49-51.

[40] 向碧华. 产业转移问题研究——以湖北省承接产业转移为例[D]. 武汉:武汉

大学,2011:16-17.

[41] 邓丽.基于生态文明视角的承接产业转移模式探索[J].长春:吉林大学社会科学学报,2012(5):106-111.

[42] 贺勤志.基于承接产业转移的广西北部湾经济区产业结构优化路径分析[J].品牌营销,2014(11):7-8.

[43] 杨永红.广西承接产业转移的基本要求及难点分析——基于转变经济发展方式背景[J].现代商贸工业,2015,36(20):7-9.

[44] 李小平,卢现祥.国际贸易、污染产业转移和中国工业 CO_2 排放[J].经济研究,2010(1):15-26.

[45] 傅京燕,李丽莎.环境规制、要素禀赋与产业国际竞争力的实证研究——基于中国制造业的面板数据[J].管理世界,2010(10):87-98.

[46] 许和连,邓玉萍.外商直接投资导致了中国的环境污染吗?——基于中国省际面板数据的空间计量研究[J].管理世界,2012(2):30-43.

[47] 吴要武.产业转移的潜在收益估算——一个劳动力成本视角[J].经济学(季刊),2014,13(1):373-398.

[48] 张彩云,郭艳青.污染产业转移能够实现经济和环境双赢吗?——基于环境规制视角的研究[J].财经研究,2015,41(10):96-108.

[49] 王志勇,陈雪梅.产业升级政策的有效性研究——以广东"双转移"战略为例[J].城市发展研究,2014,21(9):69-76.

[50] 曹翔,傅京燕.污染产业转移能够兼顾经济增长和环境保护吗?——来自广东省的经验证据[J].广东社会科学,2016(5):33-42.

[51] 王军.北京市工业产业转移与京津冀地区经济发展研究[D].北京:首都经济贸易大学,2008.

[52] 石林.京津冀地区产业转移与协同发展研究[J].当代经济管理,2015,37(5):65-69.

[53] 李宝新,刘怀毅.京津冀地区产业转移问题研究[J].统计与管理,2016(4):57-58.

[54] 夏诗园.河北省承接京津冀地区产业转移的对策研究[J].河北青年管理干部学院学报,2016,28(5):83-86.

[55] 王先庆.跨世纪整合:粤港产业升级和产业转移[J].商学论坛,1997(2):31-36.

[56] 陈建军.中国现阶段产业区域转移的实证研究——结合浙江105家企业的问卷调查报告的分析[J].管理世界,2002(6):64-74.

[57] 黄剑."双转移"战略的经济学诠释及前沿问题研究[J].探求,2012(4):75-80.

[58] 任金玲.河南省承接产业转移中的产业选择——基于产业调整模型视角[J].中部崛起战略,2010(12):186-188.

[59] 周洋全.重庆市承接产业转移的路径选择研究[D].重庆:重庆工商大学,2012.

[60] 唐德森.产业结构转型升级的路径选择——基于长三角区域分析[J].兰州学刊,2014(7):171-174.

[61] 唐运舒,冯南平,高登榜,等.产业转移类型与承接地环境的耦合分析——基于泛长三角制造业的经验证据[J].产经评论,2014(6):72-81.

[62] 曲玥.制造业产业结构变迁的路径分析——基于劳动力成本优势和全要素生产率的测算[J].世界经济文汇,2010(6):66-78.

[63] 吴勇.中西部地区承接产业转移能力的影响因素分析[J].吉林工商学院学报,2012(3):40-44.

[64] 刘友金,吕政.梯度陷阱、升级阻滞与承接产业转移模式创新[J].经济学动态,2012(11):21-27.

[65] Lewis Arthur. The Evolution of the International Economic Order[M]. New Jersey:Princeton University Press ,1978:57-69.

[66] 来臣军,赵丽华,牛文佳.京津冀协同发展模式下河北省县域经济产业集群问题研究[J].农业经济,2017,35(1):73-74.

[67] Mingli Zhang,Yuanwei Bian,Suyun Ding. Research on the choice of industries in Hebei province under the coordinated development of Jing-Jin-Ji region considering emission reduction[J]. IJIMS,2017,4(3):238.

[68] 周国富,徐莹莹,高会珍.产业多样化对京津冀经济发展的影响[J].统计研究,2016,33(12):28-36.

［69］董志良.京津冀产业协同发展中网络经济作用及其生态构建［J］.领导之友，2016（21）：60-65.

［70］谢瑞芬，刘圣.市场分割、产业结构与京津冀区域经济增长［J］.金融发展评论，2016（10）：104-114.

［71］李书锋.京津冀经济包容性增长分析——基于产业转移驱动力的视角［J］.中国流通经济，2016，30（5）：93-98.

［72］张思.京津冀区域经济一体化下海关监管业务一体化改革研究［D］.北京：首都经济贸易大学，2016.

［73］陈奕杉，陈明.关于京津冀区域经济一体化的现状分析［C］//廊坊市应用经济学会.对接京津——解题京津冀一体化与推动区域经济协同发展（对接京津与环首都沿渤海第13次论坛）论文集.廊坊市应用经济学会，2016：8.

［74］李峰，韩静，孙丽文.经济新常态下京津冀产业协同与发展研究——以电子信息制造产业为例［J］.河北工业大学学报（社会科学版），2015，7（2）：9-15.

［75］陆刚，赵蕾，安海岗，董志良.京津冀农业产业网络经济协同发展研究［J］.浙江农业学报，2015，27（4）：697-704.

［76］李俊玮.京津冀城市群房地产业经济关联性分析［J］.现代经济信息，2015（4）：457-458.

［77］陈自芳.以产业升级推进京津冀经济一体化——兼对京津冀与长三角产业的比较分析［J］.区域经济评论，2014（6）：67-74.

［78］魏丽华，李书锋.协同发展战略下京津冀跨区域临空产业布局分析——基于"行政区经济"向"产业区经济"转变的视角［J］.经济研究参考，2014（63）：43-49.

［79］Zhang，Mingli，Suyun Ding and Yuanwei Bian．"The Online Reviews' Effects on Internet Consumer Behavior：An Exploratory Study"［J］.Journal of Electronic Commerce in Organizations（JECO），2017，15（4）：83-94.

［80］陈琦.环境管制、技术创新与产业升级的关联研究［D］.杭州：浙江工业大学，2008.

［81］Porter M E. Towards a dynamic theory of strategy［J］.Strategic Management Journal，1991，12（S2）：95-117.

[82] 江珂.环境规制对中国技术创新能力影响及区域差异分析[J].中国科技论坛,2009(10):28-33.

[83] Wang Zhixin,Liang Cui,Zhao Jingfeng. Investment in Science and Technology Performance,System Environment and Carbon Emission Intensity[J]. Science Management Research,2012(6):109-112.

[84] Fang Y P,Deng W. Affecting elements and regional variable based on the objective of carbon intensity reduction in China[J]. International Journal of Sustainable Development and World Ecology,2011,18(2):109-117.

[85] 王强,伍世代,李婷婷.中国工业经济转型过程中能源消费与碳排放时空特征研究[J].地理科学,2011,31(1):36-41.

[86] 王丽明.京津冀都市圈区域经济一体化问题研究[D].兰州:兰州大学,2006.

[87] Viki Sonntag. Sustainability——in the light of competitiveness[J]. Ecological Economics,2000(34):101-113.

[88] Mellissa M Aplleyard, Clair Brown. Employment Practices and Semiconductor Manufacturing Performance[J]. Industrial Relations A Journal of Economy & Society,2001,40(3):436-471.

[89] Susumu Fujji. Economic analysis of a high-volume flexible manufacturing system by high-speedprocessing [J]. International Transactions in Operational Research,2010,9(2):235-245.

[90] 孙理军,陈劲,王恒彦.中国低研发支出制造业发展的阶段性及其创新战略——以中国纺织服装业为例[J].科学学研究,2010,28(2):234-242.

[91] 朱永彬,王铮.经济平稳增长下基于研发投入的减排控制研究[J].科学学研究,2013,31(4):554-559.

[92] 孙峰,王有志,余景亮.我国医药制造业研发投入产出效率与对策——基于医药制造业 Panal Date 的实证研究[J].科技进步与对策,2014(22):46-50.

[93] 戴小勇,成力为.财政补贴政策对企业研发投入的门槛效应[J].科研管理,2014,35(6):68-76.

[94] 蔡瑞林,陈万明,陈圻.低成本创新驱动制造业高端化的路径研究[J].科学学研究.2014,32(3):384-391.

[95] 朱俏俏,孙慧,王士轩.中国资源型产业及制造业碳排放与工业经济发展的关系[J].中国人口·资源与环境,2014,24(11):112-119.

[96] 陈晓飞.FDI对于二氧化碳排放的门槛效应——来自省级面板的数据[J].河北经贸大学学报,2016,37(5):91-95.

[97] 黄训江.产业集聚对高技术产业研发投入强度的影响作用研究[J].研究与发展管理,2017,29(1):116-126.

[98] Hansen. Thresholdeffects in non-dynamic panels: estimation, testing, and inference[J]. Journal of Econometrics,1999(93):345-368.

[99] 孙宁.依靠技术进步实行制造业碳减排——基于制造30个分行业碳排放的分解分析[J].中国科技论坛,2011(4):44-48.

[100] 王君.京津冀战略性新兴产业协同发展研究——基于区域经济一体化背景[J].当代经济,2014(16):82-83.

[101] 于静涵.京津冀中心城市的产业集聚与经济增长关系研究[D].保定:河北大学,2014.

[102] 严飞.循环经济视角下京津冀煤炭产业链构建[D].石家庄:河北经贸大学,2014.

[103] 刘邦凡,华继坤,詹国辉.京津冀区域经济一体化与河北沿海地区发展[J].中国商贸,2013(34):146-147.

[104] 涂英柯,司林波,孟卫东.京津冀区域经济一体化研究综述[J].商业时代,2013(26):136-138.

[105] 王建超.基于循环经济的京津冀生态产业链研究[D].石家庄:河北经贸大学,2013.

[106] 孙久文,丁鸿君.京津冀区域经济一体化进程研究[J].经济与管理研究,2012(7):52-58.

[107] 彭永芳,谷立霞,朱红伟.京津冀区域合作与区域经济一体化问题分析[J].湖北农业科学,2011,50(15):3236-3240.

[108] 刘小军,涂俊.构建战略性新兴产业的创业、创新环境——京津冀区域经济一体化中天津的发展思路[J].西部经济管理论坛,2011,22(2):1-4.

[109] 孙乾.低碳经济视角下京津冀产业分工合作探讨[D].石家庄:河北经贸大

学,2011.

[110] 孙乾,周耀光.低碳经济视角下京津冀产业协作模式探讨[J].社会科学论坛,2011(1):223-229.

[111] 王翔宇.京津冀经济一体化背景下河北省产业结构调整分析[J].河北农业大学学报(农林教育版),2010,12(2):445-447,451.

[112] 梁晓林,谢俊英.京津冀区域经济一体化的演变、现状及发展对策[J].河北经贸大学学报,2009,30(6):66-69.

[113] 刘晓春,白婕.京津冀区域经济一体化的主要问题和对策[J].安徽农业科学,2009,37(21):10172-10174.

[114] 焦文旗.区域经济一体化下的京津冀物流协作研究[D].石家庄:河北师范大学,2008.

[115] 张桂芳.京津冀区域经济一体化发展现状、问题及对策研究[D].重庆:重庆大学,2008.

[116] 孙久文,邓慧慧,叶振宇.京津冀区域经济一体化及其合作途径探讨[J].首都经济贸易大学学报,2008(2):55-60.

[117] 孙翠兰.区域经济一体化与京津冀区域经济合作[J].环渤海经济瞭望,2007(3):18-21.

[118] 魏然,李国梁.京津冀区域经济一体化可行性分析[J].经济问题探索,2006(12):26-30.

附录

表1　轻工业单位根检验结果

变量	检验形式	滞后阶数	ADF 统计量	临界值			是否是单位根
				1%	5%	10%	
pro	$(c,t,0)$	*pro*	$-0.114\ 844$	$-3.679\ 322$	$-2.967\ 767$	$-2.622\ 989$	是
	$(c,t,1)$	∇pro	$-5.264\ 912$	$-3.689\ 194$	$-2.971\ 853$	$-2.625\ 121$	否
	$(c,t,2)$	$\nabla_2 pro$	$-6.225\ 742$	$-3.711\ 457$	$-2.981\ 038$	$-2.629\ 906$	否
lor	$(c,t,0)$	*lor*	$-0.376\ 429$	$-3.679\ 322$	$-2.967\ 767$	$-2.622\ 989$	是
	$(c,t,1)$	∇lor	$-5.644\ 971$	$-3.699\ 871$	$-2.976\ 263$	$-2.627\ 420$	否
	$(c,t,2)$	$\nabla_2 lor$	$-7.922\ 249$	$-3.711\ 457$	$-2.981\ 038$	$-2.629\ 906$	否
inp	$(c,t,0)$	*inp*	$-0.391\ 061$	$-3.699\ 871$	$-2.966\ 263$	$-2.627\ 420$	是
	$(c,t,1)$	∇inp	$-3.639\ 262$	$-3.788\ 030$	$-3.012\ 363$	$-2.646\ 119$	否
	$(c,t,2)$	$\nabla_2 inp$	$-3.513\ 423$	$-3.808\ 546$	$-3.020\ 686$	$-2.650\ 413$	否
tec	$(c,t,0)$	*tec*	$-2.683\ 554$	$-3.679\ 322$	$-2.967\ 767$	$-2.622\ 989$	是
	$(c,t,1)$	∇tec	$-4.427\ 654$	$-3.689\ 194$	$-2.971\ 853$	$-2.625\ 121$	否
	$(c,t,2)$	$\nabla_2 tec$	$-7.257\ 058$	$-3.699\ 871$	$-2.976\ 263$	$-2.627\ 420$	否

表2　服务业单位根检验结果

变量	检验形式	滞后阶数	ADF 统计量	临界值			是否是单位根
				1%	5%	10%	
pro	$(c,t,0)$	*pro*	$-2.444\ 798$	$-3.679\ 322$	$-2.967\ 767$	$-2.622\ 989$	是
	$(c,t,1)$	∇pro	$-4.136\ 868$	$-3.689\ 194$	$-2.971\ 853$	$-2.625\ 121$	否
	$(c,t,2)$	$\nabla_2 pro$	$-7.969\ 334$	$-3.699\ 871$	$-2.976\ 263$	$-2.627\ 420$	否
lor	$(c,t,0)$	*lor*	$0.039\ 014$	$-3.699\ 871$	$-2.976\ 263$	$-2.627\ 420$	是
	$(c,t,1)$	∇lor	$-5.321\ 514$	$-3.699\ 871$	$-2.976\ 263$	$-2.627\ 420$	否
	$(c,t,2)$	$\nabla_2 lor$	$-5.340\ 631$	$-3.737\ 853$	$-2.991\ 878$	$-2.635\ 542$	否
inp	$(c,t,0)$	*inp*	$0.501\ 497$	$-3.699\ 871$	$-2.966\ 263$	$-2.627\ 420$	是
	$(c,t,1)$	∇inp	$-7.148\ 003$	$-3.699\ 871$	$-2.976\ 263$	$-2.627\ 420$	否
	$(c,t,2)$	$\nabla_2 inp$	$-5.693\ 905$	$-3.737\ 853$	$-2.991\ 878$	$-2.635\ 542$	否

后　记

本书致力于系统地介绍京津冀协同发展国家战略下京津冀地区产业结构的优化升级,形成地区间产业错位互补,并对产业互补如何促进区域经济快速发展进行分析。当前,如何在兼顾经济效益和环境效益的同时做好产业转移和产业承接成了社会各界共同关注的话题,因此,本书立足于减排视角,研究河北省如何在考虑改善现有恶劣生态环境的情况下抓住京津产业转移机遇,进行承接产业选择和发展。为了使本书为更多的读者所接受,我们在撰写的过程中,有取舍地对材料进行组织和整理,对不能满足读者期望的地方,我们深表歉意。

本书为作者张明莉 2016 年承担的河北省社会科学基金项目成果,项目编号:HB16GL080。作者十分感谢河北省社会科学基金的资助,并期待在今后的科研过程中不断发现缺点并逐渐完善。